卡倫・荷妮之精神分析的新方向

筆記版

挑戰佛洛伊德理論！
以文化與社會視角重新定義內心焦慮與人際衝突

—— 卡倫・荷妮 Karen Horney 著　伊莉莎 編譯 ——

從基本焦慮到自我理想化
卡倫・荷妮開創精神分析新方向
重新審視文化與社會影響，幫助我們理解內心衝突的真正關鍵

目錄

前言 ……………………………… 007

精神分析的基石 ………………… 011

無意識中的自我矛盾 …………… 015

透視精神活動的深層規律 ……… 018

投射的失誤與情感轉移 ………… 021

夢境與潛意識的對話 …………… 024

精神分析中的自由聯想與誤導風險 … 027

佛洛伊德的二元論與機械進化觀 … 030

性衝動與性格的塑造 …………… 036

伊底帕斯情結的再思考 ………… 051

幻想中的自我與現實的隱匿 …… 057

自戀與幻想的雙重困境 ………… 060

自戀與性別心理的糾葛 ………… 063

生命與死亡的交響曲	077
反移情的自我覺察與分析者的挑戰	104
佛洛伊德的內驅力解析	107
文化的重壓與精神的解放	118
自我與文化的交錯	121
真實性與文化影響的微妙關係	124
解構焦慮的根源	137
焦慮的雙重面紗	145
完美主義的隱形枷鎖	148
理解自我苛求的根源	151
追求完美的假象	154
偽裝的獨立與表面完美	157
虛榮與道德的面具	163
面具背後的焦慮	168
掙脫虛假自我的枷鎖	171
完美的假象與內心的掙扎	174

自責的枷鎖 ················· 177

內疚的隱祕面紗 ··············· 181

自我譴責的心理 ··············· 187

追尋完美與受虐狂的內心 ·········· 193

重新解讀受虐狂的本質 ··········· 196

在敵意世界中的脆弱依賴 ·········· 202

幻想中的自我與現實的落差 ········· 208

受虐狂的隱祕呼聲 ············· 211

受虐狂與神經質的共舞 ··········· 216

探索受虐狂的核心驅動力 ·········· 227

神經質傾向的雙刃劍 ············ 230

追尋快樂的自我啟蒙 ············ 243

自我改變的漫長過程 ············ 249

목錄

前言

在心理學的歷史長河中，精神分析學派以其獨特的視角和深刻的洞察力，為我們揭示了人類內心世界的複雜性，其中佛洛伊德的貢獻無疑是無可替代的。他的理論不僅奠定了精神分析的基石，也為後續無數心理學家的研究提供了扎實的起點。然而，隨著時代的變遷和社會的發展，精神分析學也在不斷地演變和擴展，形成了多樣化的理論流派和研究方向。

卡倫・荷妮作為精神分析學界的重要人物，對佛洛伊德理論提出了不少批判和修正。她認為佛洛伊德過於強調性本能和童年經歷，而忽視了文化和社會因素對人類心理的影響。在她的作品中，荷妮試圖結合精神分析與社會文化背景，提出一種更為綜合和動態的心理分析視角。她的工作不僅豐富了精神分析的理論內涵，也為我們提供了理解人類心理的新方法。

荷妮強調人的心理發展是受到多種因素共同影響的結果。在她看來文化、家庭以及個人的生活經驗都對心理結構的形成具有深遠的影響。這個觀點不僅挑戰了佛洛伊德理論的某些核心假設，也為精神分析的實踐帶來了新的啟示。例如，她對女性心理學的研究就顯示出，性別角色和社會期望如何塑造女性的心理特徵，這與佛洛伊德的生物決定論形成了鮮明的對比。

荷妮的理論不僅僅是對佛洛伊德學說的批判和修正，更是對精神分析學的一次創新和擴展。她提出的「自我理想化」概念，揭示了人類在追求理想自我形象過程中的心理動力，這個觀念對理解神經質行為提供了新的視角。同時，她還提出了「基本焦慮」的概念，試圖解釋個體在社會環境中所感受到的不安全感及其對心理健康的影響。

在當代心理學的語境中，荷妮的貢獻無疑拓寬了我們對精神分析的理解。她的理論不僅豐富了精神分析學的內涵，也促進了心理治療技術的發展。她倡導的以患者為中心的治療方法，強調了理解和同理心在心理治療中的重要性，這一點在現代心理治療中依然具有重要的指導意義。

精神分析學的發展歷程是一個不斷探索和創新的過程。在這個過程中，荷妮的研究提供了一個不同於傳統佛洛伊德理論的視角，這種視角不僅幫助我們更全面地理解人類心理，也為精神分析學的未來發展指明了方向。隨著新時代的到來，精神分析學將在多元文化的背景下繼續演進，並在探索人類心理奧祕的道路上不斷前行。

在荷妮的理論中，她強調了個體心理健康與社會文化環境之間的密切連繫，這個觀點在當今全球化和多元文化的背景下尤為重要。她的研究揭示了文化價值觀、社會角色和家庭結構如何在潛移默化中影響個體的心理發展和自我認知，這對於理解不同文化背景下的心理問題提供了重要的理論框架。

荷妮提出的「自我理想化」和「基本焦慮」不僅豐富了精神分析的理論工具，也為心理治療提供了實用的策略。她認為治療師應該幫助患者意識到這些內在的心理動力，從而促進自我覺察和自我接納。她的理論強調個體在面對內外壓力時的適應能力，以及如何透過心理治療來增強個人的自主性和自我調節能力。

　　本書深入探討了荷妮的理論如何在不同的心理問題中得到應用，並提供了豐富的案例分析，展現了這些理論在實際治療過程中的有效性。荷妮的創新思想，在理解和治療神經質行為、焦慮、內疚感等問題上，不僅在理論上具有突破性，也在實踐中展現了其價值。

　　透過本書，讀者將能夠全面了解荷妮的思想精髓，並從中獲得啟示，以更好地應對自身或他人面臨的心理挑戰。荷妮的理論為我們提供了一個理解人類心理的新視角，這不僅是對精神分析學的豐富和擴展，也是對我們如何在複雜的社會環境中尋求心理健康的深刻反思。

　　總之，這本書不僅是對荷妮理論的詳盡介紹，也是對精神分析學未來發展的展望。隨著社會的快速變遷，對於心理健康的探索將變得更加重要，而荷妮的理論無疑將繼續為我們提供寶貴的指導和靈感，也將成為我們理解和改善人類心理健康的重要資源。

前言

精神分析的基石

在心理學的浩瀚領域中,佛洛伊德的理論無疑占據一個極為重要的地位。這些理論不僅構成了精神分析學的基礎,更為後世的心理學研究提供一個全新的視角。佛洛伊德心理學的基本原則可謂眾說紛紜,不同的人從不同的角度解讀這些原則,有人將其視作一種試圖使心理學成為自然科學的努力,旨在將人類的情感與慾望追溯至其本能的根源。這種野心勃勃的嘗試,無疑為心理學賦予一種全新的科學性。

然而,佛洛伊德的理論並不僅僅止步於此。有些人認為,這些理論是性理論的延伸,對性本能的強調令不少人感到惱羞成怒;也有人認為,這些理論的核心在於詮釋伊底帕斯情結的普遍性,揭示出人類潛意識中深藏的衝突與渴望。更有甚者認為,佛洛伊德的學說是在將人性分為「自我」、「本我」和「超我」的框架下建立起來的,這種三分法讓人們得以更深入地理解人類心理的複雜性。

除此之外,佛洛伊德的理論還試圖透過喚醒患者的早期經歷來治療心理疾病。這個方法的理論基礎在於:一個人一生中的許多行為模式,實際上只是其童年生活模式的重演。這種觀點強調了童年經歷對於個體心理發展的深遠影響,並成為精神分析

治療中的一個重要支柱。

儘管這些理論在後來的發展中遭受不少質疑，甚至被指責為歷史發展過程中不可避免的包袱，但它們仍然是佛洛伊德心理學的重要組成部分。那麼，佛洛伊德心理學及精神病學中真正具有開創性的、長期有效的觀點究竟是什麼呢？這個問題引發了許多思考和討論。

可以預見的是，佛洛伊德心理學的基本概念將繼續在心理學及心理治療領域發揮其指導作用。這些概念不僅幫助我們觀察和分析人類行為，還啟示我們如何思考問題。如果我們摒棄了佛洛伊德的這些原則，那麼心理學從一開始就可能無法取得任何有價值的突破。正是這些原則，使得精神分析學成為一個獨特的學科，它不僅改變了我們對人性的理解，也深刻影響了我們看待心理治療的方式。

從某種意義上說，佛洛伊德的心理學理論就像是我們理解人類心理的一把鑰匙。它打開了潛意識的大門，讓我們得以窺見人類行為背後的深層動力。這些理論不僅回答了一些關於人性的重要問題，還激發了更多的疑問與探索。

在接下來的章節中，我們將深入探討佛洛伊德的各個理論，從「性衝動」到伊底帕斯情結，從自戀到女性心理學，以及其他許多重要概念。我們將看到，這些理論如何塑造了精神分析學的全貌，並在不斷演進中，對現代心理學產生了持久的影響。透過這些探討，我們希望能夠更全面地理解佛洛伊德的心理學世界，

並在此基礎上，探索精神分析學的新方向。

在探索人類精神活動的複雜性時，我們常常面臨著一個巨大的挑戰，那就是如何在眾多理論的交織中，清晰地辨識出那些基本的心理學概念。佛洛伊德的學術貢獻中，最為深刻且核心的學說便是他對無意識動機的揭示。他指出我們的行為和情感不僅僅是表面上理智的產物，更多時候是被潛藏的無意識力量所驅動。

這些原理之間的連繫是如此緊密，以至於我們可以從任何一個點開始深入探討。無意識動機的概念雖被廣泛接受，但其內涵卻不易被完全掌握。若人們未曾體驗過深入自我的過程，未曾發現自身潛在的態度和目標，那麼理解這個概念就會顯得困難重重。

精神分析評論家常常指出，我們無法揭示那些患者完全意識不到的東西。然而，事實是，患者或多或少都能感覺到這些無意識因素的存在，儘管他們未必意識到這些因素對其生活的重大影響。為了清晰地闡述這一點，我們可以透過實際的例子來說明：當一種無意識的態度被揭示之後，患者的自我認知將會發生何種變化。

舉例來說，經過分析情境下的觀察，分析者可能告訴患者，他似乎有一種強迫自己永遠正確的傾向，這種傾向常常隱藏在理性的懷疑主義背後。當患者聽到這樣的分析之後，如果他能夠認同其中的道理，便會主動回憶與之相關的經歷。例如，他可能會

想起自己在閱讀偵探小說時，對偵探精準的觀察力感到驚嘆；或在學校時懷有宏圖大志；又或者因為看錯時間表而感到沮喪。這些回憶讓患者逐漸意識到，他在生活中許多行為的背後，可能都受到這種無意識動機的影響。

　　這樣的洞察，不僅幫助患者更容易理解自己，也使他們開始意識到，許多看似微不足道的行為，其實都指向了更深層的心理動機。這種自我發現的過程，正是佛洛伊德理論的精髓所在，亦是精神分析的核心價值。透過對無意識的探索，我們得以更全面地理解人類行為的複雜性，以及其中潛藏的驅動力。

無意識中的自我矛盾

　　在心理治療的過程中，我們常常會遇到這樣的情況：患者對自己某些行為或態度的意識僅僅停留在表面，而未能深入理解其背後的深層動機。例如，有些患者可能會意識到自己有強烈的「不犯錯」的傾向，並將其歸類為一種微不足道的小瑕疵。然而，這種看似無關緊要的態度卻可能對他們的生活產生深遠的影響，甚至影響到他們的情感反應和行為抑制。

　　患者往往未能意識到，自己的某些行為是被潛在的無意識動機所驅動的。這些動機不僅僅是存在於他們的內心深處，而是具有實際的威力和效果，並在他們的生活中發揮著重要的功能。缺乏對這些動機的深刻理解，意味著患者對自己的態度仍然處於無意識狀態，即便他們偶爾會對某些零星的知識有所察覺。

　　有一種觀點認為，我們永遠無法真正揭示無意識的傾向。然而，實際上，許多事實證明，這種觀點並不完全正確。舉例來說，一位患者可能意識到自己對他人採取友善的態度，但這種意識僅僅是表面的。如果我們進一步指出，他對他人的主導態度實際上是鄙視，這可能不會對他構成全新的啟示，因為他偶爾也會意識到自己有這樣的傾向。然而，如果我們告訴他，這種鄙視源於他內心深處的輕視傾向，這樣的揭示往往會讓他感到意外。

這種情況表明，患者對自己行為的認知往往是不完整的，他們可能意識到某些態度的存在，但未能真正理解其背後的動機和影響。只有透過深入的心理探索和反思，患者才能逐漸揭示自己的無意識世界，從而更容易理解自己，並在此基礎上進行個人成長和改變。這種探索不僅有助於患者意識到自己的內心衝突，還能幫助他們在現實生活中做出更為明智和自主的選擇。

　　佛洛伊德的無意識動機理論揭示了一個深刻而複雜的心理現象，這不僅僅是關於無意識過程的存在，而是關於這些動機的兩個重要特徵。第一個特徵在於，它讓我們明白，儘管我們可能試圖將某些慾望從意識中排除，或刻意拒絕它們進入意識，但這些慾望仍然存在，並持續影響著我們的行為和情感。這意味著，我們有時候可能會感到莫名的不快或不滿，卻找不到原因；或者我們在做出重大決定時，對自己行為的驅動力一無所知。此外，這也解釋了我們的某些愛好、信仰和依戀背後的神祕力量。

　　第二個特徵則揭示了這些無意識動機之所以保持在無意識狀態，是因為我們內心深處並不願意面對或承認它們的存在。這一點無論從臨床還是理論角度，都是理解精神現象的關鍵。這意味著，因為我們的某些興趣或慾望本身存在問題，所以每當我們試圖揭示無意識動機時，都會引發內心的抵抗。這種抵抗不僅是心理治療中的一個重要概念，也反映出我們與自我認知之間的內在衝突。

　　抵抗的存在提醒我們，並非所有的興趣和慾望都能輕易被意

識接受。儘管對於這些需要與意識隔離的興趣愛好，大家可能有不同的看法，但從一個更深層次的心理層面來看，這些觀點並不如理解抵抗本身來得重要。抵抗的本質在於，它是一場內心的戰爭，是我們對自我認知的挑戰和對未知力量的對抗。

總而言之，無意識動機的這兩個特徵揭示了人類心理的複雜性以及我們內心深處隱藏的衝突。它提醒我們，慾望和抵抗不僅是心理治療中的核心議題，也是一個人理解自身行為和情感的關鍵所在。透過了解和面對這些無意識動機，我們或許能更深入地了解自我，並在追尋精神健康的道路上邁出重要的一步。

透視精神活動的深層規律

在精神分析的領域中，佛洛伊德的理論為我們揭示了精神活動的深層規律。他提出，精神活動如同生理活動一樣，遵循著嚴格的制約法則。這個假設不僅挑戰了以往對於夢境、幻想和習慣性錯誤的解釋，也為理解焦慮、歇斯底里症以及其他心理現象提供一個嶄新的視角。從前，我們習慣於將這些現象歸因於外在的器官性刺激，但佛洛伊德的見解指出，它們其實有著更深層的精神基礎。

佛洛伊德的理論不僅限於解釋現象本身，更重要的是，它為我們提供一種分析的工具，讓我們得以深入探討精神活動的內在連繫。就像他所揭示的強迫性重複現象，這些看似無法解釋的行為背後，隱藏著深層的心理動力。精神活動的規律性為我們提供一個理解患者行為的框架，使我們能夠更準確地分析和解釋患者的反應。

精神活動的規律性也啟發我們思考患者與環境的互動。某些患者因對自身的過高評價而滋生敵意，這種敵意在現實中無法得到滿足，於是他們轉而透過幻想來逃避現實。這種虛妄的心態是否真如佛洛伊德所言，是一種逃避現實的手段？而其他患者在類似環境下卻未必產生相同的心態，這又說明了什麼？這些問

題提醒我們，精神活動的規律性並非一成不變，而是隨著個體的不同而有所變化。

此外，佛洛伊德還強調了精神分析中的「個性的動力原理」。這個原理指出，我們的行為和態度背後，隱藏著深層的情感驅動力。要理解一個人的性格結構，必須承認這些情感力量在不同性格中的衝突和互動作用。這個假設為我們提供一個理解個性複雜性的框架，讓我們能夠更深入地探索人類心理的深層動力。

總之，佛洛伊德的理論為我們提供一個理解精神活動的全新視角。它挑戰了傳統的解釋模式，並透過揭示精神活動的深層規律，引導我們更深入地探討心理現象的內在機制。這不僅豐富了我們對心理現象的理解，也為精神分析提供強大的理論基礎。

佛洛伊德的理論對於理解人類心理的複雜性提供重要的框架，尤其是在探討內心衝突和防禦機制時。他的觀點將本能視為驅動力，這種驅動力常常與性和破壞性有關。然而，為了更深入地理解個性，我們需要超越這些傳統理論，轉而關注情感內驅力、需求、反應和自發性衝動等因素。

佛洛伊德的另一個重要假設是內心衝突的重要性，這一點在理解精神神經質時尤為關鍵。然而，佛洛伊德將衝突歸因於本能與自我之間的對立，這種看法受到了批評。批評者認為，將衝突的起源單純歸結於本能理論，忽視了衝突的其他可能性，這限制了精神分析的發展。

儘管如此，佛洛伊德的洞察力仍然值得我們尊重。他能夠超越理論的限制，看到無意識精神過程對性格和精神神經質的影響。佛洛伊德提出的「壓抑」概念，形象地描述了我們如何試圖將不願面對的情感或衝動排除在意識之外。這種壓抑就像「鴕鳥策略」，我們只是裝作這些情感不存在，但實際上，它們仍然在暗中影響著我們。

為了有效地壓抑情感衝動，除了壓抑本身，我們還需要其他防禦機制。這些防禦手段可以分為兩大類：一類是改變情感衝動本身，另一類是改變其方向。真正的壓抑涉及第一類方法，因為它能夠從主觀意識中消除某種情感或衝動的痕跡，使其彷彿從未存在過。

在這類防禦手段中，反應結構和投射效應是兩種主要形式。反應結構具有補償的特性，例如，內心的冷酷可能會被外在的和善所掩蓋；壓抑的剝削傾向可能會轉化為過度的謙虛；潛在的敵意可能會以無所謂的態度來表現；渴望愛卻表現得不在乎。

這些防禦機制揭示了人類心理的複雜性，也展示了我們如何在內心衝突中尋求平衡。佛洛伊德的理論雖然受到爭議，但其對於理解人類行為和心理動力學的影響仍然深遠。透過這些洞察，我們能更容易理解個性形成的過程，以及如何在面對內心衝突時找到解決之道。

投射的失誤與情感轉移

在心理學的領域中，投射是一種常見的心理防禦機制，透過將自己的情感或衝動投射到他人身上來減輕內心的衝突與焦慮。這種過程的本質在於，我們往往天真地以為他人會以與我們相同的方式回應我們的感受或反應。舉例來說，當一位患者因自身的矛盾而感到自我鄙夷時，他可能會假設分析者也會以鄙夷的眼光看待他。然而，這種投射並未被證實與無意識過程有直接關聯。

投射的優勢在於它能夠暫時消除個體對某些衝動的意識。例如，一位丈夫可能希望有外遇，卻將這種願望投射給他的妻子。如此一來，他不僅否認了自身的衝動，還增強了對妻子的優越感。他可以合理化自己的懷疑和責備，並將不合理的敵意發洩到妻子身上。這種防禦手段因其獨特的優勢而廣泛存在於人際關係中。

然而，我們必須謹慎對待投射的判斷，避免輕率地將任何現象都歸因於投射。舉例來說，一位患者堅信分析者不喜歡他，這可能是他自己不喜歡分析者的投射，但也可能是他對自己的不滿的反映，或者僅僅是一種避免情感糾葛的藉口。這種假設的前提是患者認為與分析者建立情感連結存在依賴的危險。

除了投射外，還有另一種防禦機制，即情感轉移。這種方式並不改變衝動本身，而是改變其指向的對象。情感可以從一個人轉移到另一個人身上。例如，因畏懼或依賴而感到憤怒的人，可能會將怒氣轉移到不害怕的對象，如孩子、女僕，或與他關係較遠的人身上。

情感也可以轉移到動物、物品、活動或環境中。常見的例子是將憤怒發洩到牆上的蒼蠅上。這種選擇情感轉移對象的過程受到嚴格制約，從而間接證明了精神活動的制約原理具有實用價值。例如，一位妻子可能因為想完全占有丈夫，而將對丈夫的埋怨發洩到他的工作上，即便她明知丈夫對她專一不二。

在理解這些心理防禦機制時，我們需要保持謹慎，避免過度簡化或誤解這些複雜的心理過程。只有透過深入的分析與反思，才能更容易理解人類的情感運作與行為模式。

情感的轉移和偽裝在我們的心理活動中扮演著重要的角色，特別是在處理那些難以直接表達的情感時。佛洛伊德的研究揭示了這個現象的複雜性，尤其是在如何將無意識的情感宣洩出來的過程中。他強調，情感的轉移並不意味著其表達的終止，而是以另一種形式的出現。

第一種情況是，情感的轉移經常以隱蔽的方式發生。例如，一位母親可能透過對孩子的過度溺愛來表達她無法面對的敵意。這種情感的表達雖然轉了個彎，但仍然未曾消失。這表明，情感的轉移只是改變了其表達的途徑，並未真正壓抑它。

第二種情況，佛洛伊德指出，被壓抑的情感或衝動可以在理性規範的框架下得到宣洩。這些情感通常會偽裝成社會可接受的形式，例如，對控制的渴望可能會偽裝成愛；對他人的批評可以被理智地包裝成建設性的意見；攻擊性可以被粉飾為坦率的誠實。這些偽裝不僅維護了情感的防禦機制，還賦予其合理性。

然而，這種偽裝的過程也充滿了危險性。佛洛伊德提醒我們，沒有足夠的證據時，不應輕易判斷某種態度或信念是對其他情感的偽裝。真正的偽裝作用只有在其他動機取代表面動機時才成立。例如，一個人拒絕一份報酬豐厚的工作，表面上是為了堅持信念，實際上可能是因為對自己能力的懷疑。這種情況下，恐懼成為了真正的推動力，而信念只是偽裝。

這些情感的轉移和偽裝不僅是心理學上的現象，也是日常生活中常見的行為模式。理解這些過程有助於我們更好地了解自身的內心動機，並在面對情感困境時，找到更健康的表達方式。佛洛伊德的理論為我們提供一個透視自己和他人情感世界的獨特視角，使我們能夠在複雜的情感網路中理清頭緒，進而促進個人心理健康的發展。

夢境與潛意識的對話

在我們的日常生活中，許多被壓抑的情感或想法常常以不經意的方式顯現出來。佛洛伊德在他的研究中指出，這些無意識的表達可以透過細微的語氣變化、肢體語言，甚至是某些無意識的言行中透露出來。這些觀察成為精神分析的一部分，揭示了我們內心深處的真實情感。

此外，壓抑的慾望或恐懼也常常在夢境或幻想中浮現。當現實中某些衝動被壓抑時，它們可能會轉化為夢境，在那裡得到滿足。例如，一個人在現實中壓抑的復仇心態可能在夢中得到表達，而夢境也可以成為實現現實中未能達成的優越感的舞臺。這種夢境的作用在未來可能會顯示出更大的影響，特別是當我們將其從夢和幻想擴展到無意識幻想時。

從心理治療的角度來看，了解這些幻想是極其重要的。許多患者不願意治癒，往往是因為他們不願放棄自己的幻想。佛洛伊德的夢理論在這裡顯得尤為重要，因為他提出了夢是慾望滿足表現的假設。這個假設提供一個解析夢境的框架，使我們能夠理解夢中蘊含的潛在需求。

假設某位患者的夢境表達了對分析者的貶低，那麼這個夢就揭示了患者潛意識中的某種傾向。我們需要探究驅使患者貶

低分析者的根本原因，這可能是因為患者感到被羞辱或優越感受到打擊。透過這樣的分析，我們可以更深入地理解患者的典型反應方式。

對於精神神經質的患者來說，夢具有兩個重要功能：一是幫助消除焦慮，二是為現實生活中無法解決的矛盾提供一個宣洩的出口。如果這些功能未能實現，焦慮的夢境就會頻繁出現。

儘管佛洛伊德的夢理論常常引發爭議，但我認為釋夢的原則和根據該原則的解釋不應混為一談。佛洛伊德的方法論提供分析夢境的框架，但具體的結論取決於分析者對個體衝動和衝突的理解。因此，雖然結論可能有所不同，但這並不影響夢境分析原則的有效性。夢境，作為潛意識的對話，揭示了我們內心深處的複雜情感和未解決的衝突。

佛洛伊德的研究為我們開闢了一條深入理解焦慮性精神官能症及其在神經質中作用的道路。在接下來的章節中，我們將詳細探討這個主題。佛洛伊德的研究，尤其是對童年經歷影響的闡述，雖然存在爭議，但對於精神病學、教育學和人種學等多個領域都產生了革命性的影響。

佛洛伊德提出的三個假設引發了廣泛的討論：首先，他認為環境影響的重要性遠不如遺傳定律；其次，他主張所有影響深遠的經歷本質上都與性有關；最後，他指出童年的經歷會在成年後重演，成為人生的重要組成部分。這些假設，無論在當時還是現在，都引起了不小的爭議。然而，佛洛伊德對於童年

經歷在性格和精神神經質形成中的作用的強調，至今仍讓我們感到震驚。

在性問題的探討中，儘管佛洛伊德的觀點受到很多人的批評，但他鼓勵我們以實事求是的態度來看待性問題，這對於突破心理障礙、理解其深層意義非常重要。佛洛伊德提供基本的工具，如「移情」、「抵抗」和「自由聯想法」，這些概念成為精神分析治療的基石。

移情的概念，雖然在理論上有爭議，但它提供一種觀察、理解和討論患者情感反應的方式，從而幫助我們深入理解其性格結構及困難。這個工具在精神分析治療中極為重要，無法忽視其價值。

然而，我相信精神分析的未來取決於對患者反應更準確的觀察和了解。心理學的本質在於分析和理解人類關係中的心理過程，精神分析提供理解這些過程的獨特視角。因此，精神分析對心理學的貢獻在於對人類關係的更精確、更深入的理解。

抵抗的概念，即患者阻止被壓抑的情感或想法進入意識，雖然性質上存有爭議，但其存在的重要性不可否認。對於患者如何固守立場的研究越深入，精神分析治療就越有效。

總之，佛洛伊德的研究揭示了童年經歷和性在精神與性格發展中的深遠影響，儘管引發爭議，但其對於理解人類心理和治療精神疾病的貢獻深遠。精神分析的未來在於對人類關係的更精確理解，這將引領心理學走向新的高度。

精神分析中的自由聯想與誤導風險

在精神分析的治療過程中，患者需要突破理智和情感的阻礙，毫無保留地表達他們的想法和感受。這種開放的交流是精確觀察的基礎。精神分析的核心原則之一是思維和感情之間存在著不易察覺的連續性。分析者需要仔細觀察思維與感情的出現順序，從而推測患者外在表現背後的內在傾向和反應機制，進而得出初步結論。

自由聯想在心理治療中是一個未被充分理解的概念。要證明其價值，分析者需要深入探索精神反應及其可能的關聯，以及外在表現形式的多樣性。透過觀察患者的外在表現，包括口頭語言、肢體語言和行為策略，分析者可以對患者的精神活動過程做出推測。這些推測作為初步解釋告訴患者之後，患者可能會聯想到新的事物，這些新聯想可能證實或推翻分析者的假設，甚至從新的角度擴大或縮小假設的應用範圍。無論如何，這些解釋必然引發患者的情感反應。

然而，這種方法也受到批評，有人認為初步解釋可能過於主觀，甚至具有武斷性。解釋的內容會刺激患者依據該內容來聯想，使得整個過程顯得主觀。類似於學生在顯微鏡下尋找特定物體時，因為老師的暗示而堅信看到了某樣東西，這種情況可

以被視為誤導。誤導的風險是存在的，但可以透過增強分析者的心理學知識和理解能力來減少。分析者越是靈活運用理論，越少依賴主觀臆斷，誤導的風險也就越小。此外，分析者需要時刻警惕患者的順從反應，以進一步降低誤導的可能性。

這些討論僅涉及心理學研究方法中的基本點，並未涵蓋佛洛伊德的所有研究成果。根據我的經驗，這些基本概念是最具建設性的，並在接下來的章節中將詳細描述其用途。這本書的精神背景正是建立在這些概念之上，並將在後續章節中探討佛洛伊德的其他創新研究。理解這些背景對於全面掌握複雜的精神分析理論架構是必不可少的。

在我對精神分析史和哲學的有限探討中，並未深入挖掘十九世紀的哲學意識形態對佛洛伊德思想的影響。我的主要目的是簡要分析佛洛伊德的某些核心前提，以便更容易理解他獨特的心理問題解決方法。在本章中，我們不會詳細追溯這些前提的起源，而是簡單地概括它們。

佛洛伊德自認為是一位科學家，他堅持精神分析是一門科學，並在生物學上定位他的理論基礎。哈特曼曾指出，精神分析的優勢在於其生物學基礎，這個觀點對佛洛伊德的本能理論具有重要意義。佛洛伊德主要從三個方面來定位他的生物學影響。

首先，佛洛伊德認為化學與生理因素的相互作用是精神現象的起因，這是他本能理論的核心支撐點。他相信情緒內驅力有著生理基礎，將本能視為內在的肉體刺激因素，這些因素不

斷作用並散播緊張。他這個觀點試圖將「本能」置於生理過程和心理過程之間。

其次，他重視體質與遺傳因素對精神體驗的影響，這一點對「性衝動」理論的形成至關重要。「性衝動」經歷了遺傳所限定的幾個階段，並促成了伊底帕斯情結的普遍想像。

第三，佛洛伊德的女性心理學觀點受到解剖學差異的影響，這在「生理構造即命運」的理念中表現得尤為明顯。他認為女性希望成為男性的願望源於對男性生殖器的渴望，而男性則因害怕閹割而拒絕表現得女性化。

佛洛伊德的生物學假設與其文化觀念相互交織，他對文化的理解主要集中在對本能內驅力的影響上。他認為文化現象是生理本能的延伸，但這種觀點忽略了文化的多樣性，導致他將自己的文化特點普遍化。

直到最近，社會學家和人類學家才開始揭示文化差異的重要性，並指出佛洛伊德的觀點在某些方面的局限性。這反映出十九世紀人們對文化多樣性的陌生，佛洛伊德的學說在特定的歷史背景下受到局限，這需要我們在理解其理論時保持批判性思考。

佛洛伊德的二元論與機械進化觀

　　佛洛伊德在心理學上的研究有著獨特的特點，其中之一就是他對價值判斷和道德評價的迴避或漠視。這種態度與他自視為自然科學家的定位相符，因為他更關心的是透過觀察和分析得出客觀的結論，而非道德的評價。正如埃里希·佛洛姆所指出的，這種態度受到自由時代經濟、政治和哲學領域中寬容原則的影響。在本書的後續章節中，我們將看到這種態度如何深刻影響了「超我」等理論概念和精神分析治療。

　　佛洛伊德另一個重要的理論傾向是他的二元論思想。他傾向於將精神因素視為對立的矛盾體，這個思想深深植根於十九世紀的哲學體系，並貫穿於他的理論構想中。在這種對立的框架下，他的本能理論似乎成了萬能鑰匙，能夠解釋所有精神現象。這種思想的精髓在於他發現了「本我」與「自我」之間的二元對立，這被視為神經質衝突和焦慮性精神官能症的基礎。他的「女子氣」和「男子氣概」概念，也展現了這種二元論的思考方式。

　　佛洛伊德的二元論思想有著機械性的特點，與辯證思想形成鮮明對比。他認為在一個系統中，消耗的能量會自動削弱其對立系統。例如，對他人的愛會減弱自愛的能力。一旦建立了

矛盾對立，這種對立就會持續存在。然而，也有人認為對立的傾向可能會相互增強，形成「惡性循環」的現象。

最後，佛洛伊德的理論還展現了他的機械進化論觀點，這一點對理解他的核心理論至關重要。機械進化論假定事物的現存形態是從其初始形態一步步演化而來，儘管可能看似不同，但仍然由過去形態決定。這種觀點在十八、十九世紀的科學思維中很普遍，與當時的神學思維形成對比。機械進化論認為，事物在進化過程中不會產生真正的新事物，只是以不同的形式呈現。

佛洛伊德的理論中，這種機械性進化觀點意味著所有精神現象和意識的發展都是過去形態的延續，而不是新的創造。這種觀點在遺傳學上的應用引發了許多疑問，例如，事物何時以何種形式出現，以及如何再現或重複自身。這些問題仍然是心理學研究的重要議題，並繼續影響著我們對人類心理的理解。

在理解世界的方式上，機械思維和非機械思維展現了截然不同的側重點。以水變成水氣的過程為例，機械思維通常側重於將水氣視為水的另一種表現形式，強調其本質未變。然而，非機械思維則認為，水轉變為水氣的過程中，水氣已經擁有了新的特性，受不同的法則約束，並具有不同的用途和效果。

這種思維差異在工業發展的歷史中也有所展現。機械思維者可能會指出，自十八世紀以來，機器和工廠的存在只是數量上的增加；而非機械思維則更加關注於由量變引發的質變，比如

生產規模的革新和新勞動問題的出現。非機械思維強調的是，量的累積最終會導致質的飛躍，這種變化不僅僅是簡單的增量，而是質的轉變。

　　心理學上，這兩種思維的差異同樣明顯。機械論者認為，四十歲的理想只是十歲理想的延續，而非機械論者則認為，儘管成年後的理想可能包含童年的夢想，但其內涵隨著年齡的增長已經發生了變化。成年後的理想可能經歷了實現或破滅的過程，這使得其意義與童年時截然不同。

　　佛洛伊德的理論展現了機械思維，他認為人的性格在五歲之前已經固定，之後的經歷僅是早期經歷的重複。他將人類的發展階段視為種系發生（phylogenetics）的重演，並且在其理論中多次使用這種思維方式來解釋心理現象。例如，他將焦慮視作出生時的早期焦慮的重現，並將「潛伏期」與冰川期相提並論。

　　佛洛伊德的理論中，強迫性重複、固著理論、倒退理論和移情理論均顯示其對過去的重視，試圖用童年的經歷來解釋當前的心理狀態。這種思維模式主要是對過去經驗的延續和再現，忽略了在個體成長過程中新元素的出現和變化。

　　總而言之，機械思維和非機械思維在理解事物變化的方式上存在根本差異。前者強調穩定性和重複性，而後者則關注變化和創新，這兩種思維方式在不同領域中都留下了深刻的印記。

性本能與精神分析：佛洛伊德的理論擴展

在探討佛洛伊德的理論時，我們必須注意到他對於精神分析的獨特貢獻，尤其是他對性本能的深入研究。佛洛伊德的理論基礎之一便是「性衝動」理論，這個理論在他的本能學說中占據了核心位置。佛洛伊德認為，精神能量的來源可以追溯到化學生理機制，而性本能在這其中扮演著舉足輕重的角色。這個觀點在他早期的二元論中得到了清晰的表達，儘管他後來在某些方面有所修正。

在佛洛伊德的觀察中，性對人格的影響以及性紊亂對精神健康的影響是顯著的。他在治療歇斯底里症患者時發現，許多精神疾病的根源可以追溯到過去性經歷的記憶喪失。這個發現促使他進一步研究性障礙如何影響神經質患者，從而揭示了性在精神分析中的重要性。

然而，佛洛伊德的性本能理論並未能解釋所有的精神現象。許多非理性的情緒和行為，例如貪婪、吝嗇、傲慢以及對藝術的追求，似乎無法用純粹的性理論來解釋。這引發了佛洛伊德對性概念的重新思考。他意識到，若要解釋這些現象，性概念必須被擴展。

佛洛伊德的「性衝動」理論因此應運而生，這個理論不僅擴展了性概念，也引入了本能轉移的概念。性慾的客體不再僅限於異性，還可以包括同性、動物，甚至是自身。這種擴展性概

念的必要性是基於佛洛伊德的臨床觀察和經驗主義的發現。

從這個角度看，佛洛伊德的貢獻不僅在於他提出了新的理論，更在於他勇於挑戰和修正自己的觀點，以適應不斷發展的臨床證據。這種理論的靈活性和包容性，正是精神分析能夠不斷發展和進步的原因之一。

佛洛伊德的性本能理論和「性衝動」理論，雖然在某些方面可能存在局限，但它們為我們理解人類複雜的精神世界提供寶貴的視角。這種對性概念的擴展，不僅是對理論的完善，更是對人類心理深度的探索。

佛洛伊德的性心理學理論揭示了性行為的多樣性，超越了傳統上將性僅僅局限於生殖器官的交媾。性行為可以透過肛門、口腔等多種途徑實現，這些途徑同樣能引發性興奮。性興奮的來源也不僅限於性交對象，施虐、受虐、意淫和裸露等行為都可以激發性衝動。這些現象並非僅限於性變態者，在健康人身上也有發現。長期性壓抑可能導致同性戀行為，未成熟的人也可能被引誘或逼迫進行性變態行為。

在性前奏中，這些行為的跡象亦可見，如親吻和性侵犯行為。甚至在夢境和幻覺中，性行為也可能出現，常被視為精神神經質的症狀之一。追求快感的行為在兒童時期便已顯現，某些行為與成人的變態行為相似，例如吸吮大拇指、對性充滿好奇、對別人大小便有濃厚興趣，或對性施虐行為浮想聯翩等。

佛洛伊德由此得出結論：性本能並非單一，而是一個複合

體。性慾衝動並不僅僅指向異性，也不僅僅是為了生殖器的快感。異性生殖器的衝動是「性衝動」的表現，「性衝動」可以聚焦於生殖器，也可以聚焦於其他性反應區域，如口腔和肛門。這些性反應區域因此具有生殖器的價值特點。

佛洛伊德進一步指出，性慾的組成部分包括施虐癖、受虐癖、窺淫癖和露陰癖等。人們試圖將這些變態傾向歸結於人體的某一區域，但效果不佳。在兒童初期，這些「性衝動」表現被稱為「前生殖器」衝動，因為它們主要展現在外生殖器。然而，五歲左右的兒童在正常成長過程中，最先覺醒的是生殖器的衝動，這便是我們通常意義上的「性慾」。

在「性衝動」的發展過程中，可能會出現紊亂，主要有兩種情形：一是某些成人的性慾不被基本內驅力接受，因為體質上過於強大；二是受到壓抑時，複合型性慾可能分裂為其基本內驅力。這兩種情形都會打亂生殖器性慾，前者由固著情結導致，後者由倒退導致。

佛洛伊德認為，任何能為肉體帶來快感的，本質上都與性有關。這樣的觀點指出，無論是吮吸、消化、排洩、運動、觸碰等，還是涉及他人的快感，皆與性緊密相連。即便沒有充分證據證明兒童時期的肉體快感本質上是性的，這個結論仍然顯示了這些快感方式與成人性活動之間的連繫。最終，無論是性變態還是性前奏，快感的落腳點仍然是生殖器。

性衝動與性格的塑造

佛洛伊德的理論對於性本能的探索無疑開啟了人們對於性慾的全新理解。他提出的「性衝動」概念試圖解釋性慾如何影響人類行為和性格。然而，這個概念的有效性仍然存在爭議。佛洛伊德認為，性慾並不僅僅限於生殖行為，而是滲透到各種行為和心理活動中。但他的推論往往建立在類比和未經證實的假設上。

佛洛伊德的理論中，肉體快感被視為性本質的一部分，他舉例指出精神神經質患者可能會在強迫性進食和性活動間交替出現興趣。然而，這種現象是否能證明兩者之間存在本質上的共性，仍然值得商榷。正如一個人因為無法觀看電影而選擇聽廣播，這並不意味著這兩種活動在本質上相同。

「性衝動」概念的核心在於它的本能轉移學說，這個學說試圖將人的性格特徵和行為歸因於性本能，而不是單純的生存競爭。佛洛伊德的第二條和第三條本能理論更加明顯地展現了這個傾向。第二條理論涉及自戀和目的「性衝動」之間的二元論，而第三條理論則探討「性衝動」與破壞本能之間的關係。

在佛洛伊德的理論中，性格的塑造與「性衝動」的表現形式密切相關。某些態度被認為是慾望受到壓抑後的表現，甚至自主行為也可能被解釋為壓抑的慾望的結果。這種觀點延伸到性

慾昇華的概念,認為原本以「前生殖器」衝動為主的性慾可以轉變為非性慾的能量。

性慾昇華與慾望受抑之間的區別並不明顯,兩者都主張各種特徵即便與「性衝動」無關,仍可被視為其表現形式。這種模糊性在於「昇華」的詞義中本就包含了本能衝動向社會價值物的轉化。某些轉換,如自戀向抱負的轉變,是昇華還是自愛的壓抑,常難以明確區分。

總之,佛洛伊德的「性衝動」理論雖然提供一種解釋性格和行為的視角,但其概念的實證性和普遍性仍需進一步探討。性慾與行為之間的關係複雜多樣,無法簡單地歸結於單一的理論框架。

在佛洛伊德的心理學世界中,性衝動被視為驅動人類行為的重要力量,這種力量的影響遠遠超出表面的性行為。佛洛伊德提出了一個關鍵概念,即性衝動的「引領效果」,這不僅限於性本身的表現,更影響著個體的整體心理健康。解決性障礙問題,可能會帶動其他非性問題的改善,這個思想揭示了性衝動在心理結構中的核心地位。

然而,人們往往忽視了這個潛在的解決希望。要理解這個概念,必須探尋情感抑制的根源,這可能源於個體無法在性慾上放棄自我。性冷漠可能與過往的性創傷、亂倫情結或同性戀傾向相關聯,甚至包括施虐或受虐的傾向。這些行為模式的分類和界定常常模糊不清,因為所有相關類型都建立在一個共同

的信念上：人類的基本本能過於強大，一旦確立目標，便不可避免地推動人們向前。

無論是追求宗教、藝術還是科學，這些看似崇高的理想背後，始終隱藏著人類本能的影響。將性格特徵與性慾關聯，或者用性慾的視角解釋他人的行為，這種偏見可能導致錯誤的診斷和分析。分析者可能將患者的病症歸因於與某人過度的認同，或者簡單地將其歸結為「潛在的同性戀傾向」。

此外，某些性格特徵被看作是反向性慾追求的表現。例如，整潔被解釋為肛門性衝動的反向追求，友善被視為施虐狂的反向表現，謙虛則被連結至露陰癖或貪婪的反向追求。這些反應結構的能量被認為來自於「性衝動」，即性本能的壓抑。

另一方面，某些情感和性格特徵則被視為不可避免的本能慾望的結果。依賴心理被視為口交慾望的影射，自卑感源於自戀「性衝動」的匱乏，而固執則與肛門性慾區的衝突相關。恐懼和敵意等情感，被理解為性慾受挫的結果，當正內驅力的力量之源被視為性本能時，恐懼的對象便是性慾受挫的可能性。

佛洛伊德的焦慮理論進一步強調了這一點，將焦慮解釋為「性衝動」受抑的結果，無論是內部因素還是外部環境的壓力都可能導致焦慮的產生。儘管佛洛伊德後來修正了這個概念，增加了心理學的成分，焦慮依然被視為個人面對受抑「性衝動」的無力感和畏懼。這個理論強調了本能與情感的複雜交錯，揭示了人類心理的深層結構。

性慾與人性：探討佛洛伊德的「性衝動」理論

佛洛伊德的精神分析學說常常被簡化為「泛性論」，即認為性慾是驅動人類行為的核心動力。這種觀點引發了廣泛的爭議和反駁，因為它將人類複雜的情感和行為歸結於單一的性衝動。然而，對於佛洛伊德而言，「性衝動」並不僅僅是對性慾的簡單解釋，而是一種更廣泛的生命力，影響著人的性格、抱負和態度。

佛洛伊德認為，性慾的壓抑和昇華可以在無意識中影響人的行為。例如，柔情蜜意可以是性愛的前戲，也可能是性慾壓抑後的表現。施虐傾向在某些情況下可以轉化為對他人生活的合理控制，滿足奴役他人的慾望。然而，並非所有情愛和權力的追求都可以簡單地解釋為性慾的壓抑。母親對孩子的關懷和愛護，顯然是一種深沉的感情，與性慾無關。這些情感需求是人類排除焦慮的重要武器，與性慾的關聯微乎其微。

在性慾昇華的學說中，性慾被視為決定人類追求和態度的因素，但這種看法缺乏足夠的科學數據支持。觀察顯示，性好奇心如果受到刺激，可能會引發更廣泛的求知慾，但這並不意味著所有的求知慾都是性慾的衍生物。對某些研究的興趣，可能源於童年的經歷，但其本質未必與性慾有關。

精神分析理論中，性慾被視為重要的驅動力，但並非唯一。非性慾的衝動或習慣，譬如貪婪、吝嗇或羞愧，常常與性慾衝

動並存或相互影響。例如，書痴可能在飲食上表現貪婪，吝嗇鬼可能會便祕，而手淫者可能對單人紙牌遊戲上癮，並感到羞愧和悔恨。

總之，佛洛伊德的理論提供一種理解人類心理的框架，但並不能完全解釋人類複雜的情感和行為。性慾在人的精神生活中扮演重要角色，但它並非唯一的驅動力。理解人類行為，需要考慮多種因素，包括非性慾的情感和衝動。精神分析學說的價值，在於它促使我們以批判性思維探討人類心理的深層動力，而非僅僅依賴單一的理論來解釋一切。

在性本能理論家的眼中，人的行為與精神狀態之間的頻繁交集，無疑是一個巨大的誘惑。他們總是急於將譴責的行為視作本能的衍生，並將本能看作譴責的根源。按照他們的理論，只要兩者有共存的現象，就足以被解釋為某種因果關係。但如果這些理論前提本身遭到質疑，那麼這些現象的巧合就無法再稱作有力的證據。

例如，流眼淚與悲傷常常相伴而生，但這並不意味著悲傷是由眼淚引發的。早期的本能理論家可能會這樣認為，然而現代的觀點則不同。我們認為眼淚是悲傷的物質表現，而不是悲傷的情緒來源。類似地，貪婪並非僅僅是表現於飲食的貪婪，而是多種貪婪行為中的一種表現，而非其原因。

手淫和玩單人紙牌遊戲可能都是焦慮的表現，但如何證明玩紙牌的罪惡感是因為追求某種禁忌快感呢？一個注重外表完

美的人,可能因為不能控制或放縱自我而自責,這與性本能並無直接關聯。因此,非性慾的衝動或習慣與性本能之間不一定存在因果關係,我們可以用其他方式來解釋這些行為。

舉例來說,分析玩紙牌時,我們應該考慮其他類似賭博的因素。一個人可能因依賴別人而懶於努力,但有時卻會因孤獨感而奮發,努力掌控自己的命運。貪婪和占有慾,與精神分析中所謂的「口腔的」或「肛門的」性格結構無關,這些都是早期環境經歷的總體效應。

我們需要探索為何有些人會依賴他人,甚至成為他人的工具,或是背對親友過著孤立的生活。這些行為可能源於對安全感和成就感的追求,或者是對自我能力的懷疑。這些心理動機和行為模式的形成,不僅僅是本能的產物,而是複雜的環境與個人經歷交織的結果。

性格與性:深層心理的映像

在我們的心理世界中,性格與性行為之間的關聯遠比表面上看來更深刻。雙唇緊閉,這個看似簡單的動作,實際上可能揭示了一個人對於自身擁有物的強烈保護欲,無論是金錢、愛情還是情感。這種緊張的姿態,並非源於生理上的緊張,而是心理上的擔憂:一種不願放手的執著。

這類人往往在夢境中將他人視為糞便，這不是單純的鄙視，而是一種心理防禦機制的表現。他們可能因承受能力薄弱，害怕被他人鄙視，於是反過來鄙視他人以尋求心理的平衡和自尊的保護。這種心理狀態甚至可能激發出施虐的衝動，因為貶低他人有助於提升自我價值。

當涉及性行為時，這種心理傾向表現得尤為明顯。若一個人將性交與排便相提並論，他們在談論肛交時便可能採取一種冷漠的態度。從環境動力學的角度來看，這種態度也許是他們在與異性或同性互動時的情緒障礙所致，可能反映出對異性的貶低傾向。

此外，昇華理論的假設常常僅限於理論層面，缺乏實質的證據支持。比如，一個人對知識的渴求不一定源於性好奇，對研究的興趣也不必然是心理補償的結果。情感生活被視作性生活的仿造體，這個觀點揭示了個人日常態度與性行為之間的相似之處。

性格特徵與性障礙之間的連繫常常被忽視。那些在情感上保持獨立的人，往往在性關係中也保持距離。而那些妒忌他人快樂的人，可能在性關係中也不願意分享快樂。虐待狂喜歡讓對方失望，這樣的行為也反映在他們的性行為中，導致早洩等問題。

然而，佛洛伊德的觀點認為性障礙與心理障礙並不相伴存在是有局限的。許多精神神經質患者即使在日常生活中遭受挑

戰，卻能在性生活中獲得滿足。這表明，性功能的健康與否並不能單獨決定一個人的心理健康。性格與性行為的關聯複雜而多變，需要更全面的理解和探討。

在分析「性衝動」理論的過程中，我們不難察覺到其根本錯誤在於過度強調性慾對性格的決定性影響。這個理論堅持認為良好的性功能與精神紊亂不能共存，並假設所有神經質問題的根源在於潛在的性功能障礙。這樣的觀點忽視了心理與人際關係中的複雜性，尤其是那些不僅僅限於性關係的障礙。

實際上，許多人即便在性功能正常的情況下仍然會遭遇神經質問題，這明顯揭示了「性衝動」理論的不足之處。這些精神問題往往是人際關係中的障礙所導致的，並非單純由於性慾本身的問題。從這個角度看，態度或許更可以視為對當前衝動的自主抑制的反映，而不應簡單地歸結於性慾。

在討論挫折的影響時，佛洛伊德將其置於核心位置，這在某種程度上是誤導性的。精神神經質患者的挫折感通常源自於三個主要原因：首先，他們的許多慾望是由焦慮驅動的，這使得他們的安全感受到威脅；其次，他們的期望往往過高且自相矛盾，難以實現；最後，潛意識的衝動引發的願望使他們試圖透過強加意志於他人來獲得滿足，但未能如願的挫折感反而加劇了他們的敵意。

然而，佛洛伊德的理論錯誤地將挫折與敵意直接掛鉤，忽略了健康個體在面對挫折時並不一定產生敵意的事實。這種過

度強調挫折引發敵意的觀點，對教育事業可能造成誤導。教育者和人類學家往往強調一些偏離本質的因素，如斷奶或兄弟姊妹的出生，而忽略了真正應該關注的父母態度等關鍵因素。

因此，我們應該重新審視佛洛伊德理論中的挫折概念，關注其背後的動因，而非僅僅表象。唯有如此，我們才能更全面地理解精神神經質的根源，並在教育和治療中採取更為有效的方法。

解構焦慮：重塑精神分析的視角

在心理學的領域中，焦慮性精神官能症常被視為個人內在衝突的集中表現。這個觀點在挫折理論的框架下得到了進一步的闡釋，將焦慮視為本能張力的直接反映。然而，這種解釋卻往往導致誤解，因為它忽視了焦慮性精神官能症的複雜性。實際上，這種症狀是人格中多種傾向相互衝突的結果，而非單純的本能反應。

挫折理論的盛行導致了一種偏誤，即在精神分析治療中，挫折被視為一種可以被操控的治療手段。這種觀點誤導了治療方向，使患者在面對挫折時，反而更加強烈地表現出其症狀。這樣的治療策略未必能夠真正解決問題，反而可能加深患者的痛苦。

佛洛伊德的理論雖然深刻地影響了心理學的發展，但其中一些觀點，如將潛在同性戀傾向解釋為性格特徵的根源，卻因缺乏對受虐性格結構的理解而顯得不夠全面。佛洛伊德將受虐狂歸因於性現象，這個觀點限制了對人格複雜性的深入探討。

在這樣的背景下，「性衝動」學說成為了精神分析的基石之一。儘管該理論在佛洛伊德看來也並非堅不可摧，但它仍然被廣泛應用於解釋各種心理現象。「性衝動」學說認為性是許多型度和內驅力的根源，這個觀點在某些方面確實提供有價值的洞見。它促使研究者重新審視性問題的重要性，並揭示了性格與性怪癖之間的潛在連繫。

然而，這並不意味著「性衝動」學說的所有觀點都應被接納。亞歷山大提出的觀點，摒棄了前生殖器性慾理論，並引入了接受、保留、付出與消除這三個基本傾向，為焦慮性精神官能症提供新的解釋框架。這些新的理論視角，促使我們重新思考焦慮的本質，並探索更為有效的治療方法。

在重新審視這些理論時，我們應當保持開放的心態。接受不同的觀點，並在實踐中檢驗其有效性，這才是推動心理學進步的關鍵。焦慮性精神官能症的真正解決之道，不在於簡單地歸因於某一理論，而在於綜合考量多種因素，從而找到個性化的治療方案。

在心理學的長河中，佛洛伊德的性衝動理論和亞歷山大的三個傾向理論，無疑曾經是激起漣漪的石子。然而，這些理論

無法根本改變我們對人類行為的理解。儘管亞歷山大的觀點被視為進步，認為人類行為受到基本生理需求的驅動，但這種觀點仍然局限於本能理論的範疇，將複雜的人性簡化為性本能的延伸。

佛洛伊德的「性衝動」理論，將人類的各種傾向歸結為性本能的不同表現形式，這種簡化的思維方式具有誤導性。它鼓勵我們相信，只有揭示某種傾向的生理根源，才是深奧的心理學理論。然而，這種思維方式忽視了「自我」與社會環境、神經質衝突、焦慮以及文化因素的複雜互動作用。

在精神分析的框架中，所有的情感、慾望和恐懼都被追溯到童年衝動，這種做法不僅有失偏頗，還可能誤導治療過程。將複雜的心理現象簡單歸因於「陰莖嫉妒」等生理根源，不僅忽視了個體的整體人格結構，更是對於心理治療的局限性視而不見。

佛洛伊德曾提到，生理決定的因素是無法改變的。如果我們將生理因素視為一切心理問題的根源，便會誤以為精神治療的努力已經達到了極限。這種觀點促使我們尋求新的理論來取代「性衝動」理論。

取而代之的理論應該從兩個方向展開：一是從具體角度深入探討佛洛伊德所謂的本能部分；二是從整體角度探討內驅力的本質。某些內驅力確實是本能的，似乎不可抗拒，驅使人們為了滿足而行動，即便這樣的行為可能違背個人利益。

佛洛伊德自己也承認，神經質患者的行為常常表現出一種盲目的衝動，這與健康人不同。健康人能夠延遲滿足，等待合適的時機，而神經質患者卻被強迫性衝動驅使，難以延遲。佛洛伊德提出，這是因為神經質患者的「性衝動」具有奇特的「膠著力」，這個假設只是因為無法合理解釋現象而提出的理論。

　　在未來的討論中，我們將深入探討這些理論的局限性，並尋求更全面的解釋，從而突破這些理論的迷思，找到更有效的方法來理解人類的心理動力。

內驅力與焦慮的交織：神經質患者的心靈探險

　　在佛洛伊德的心理分析中，內驅力被視為一種追求滿足感的本能衝動，這種觀點對神經質患者尤其具有建設性價值。這些內驅力如同自我膨脹和依附他人生活的衝動，甚至比性慾本能更為強大，深刻影響著個人的生活。然而，我們如何解釋這種力量呢？

　　佛洛伊德認為，這些內驅力的力量來源於滿足需求的衝動，但更深層次的原因是安全需求。除了快樂原則，人類還受到滿足原則與安全原則的支配。神經質患者比心理健康者承受更多的焦慮，為了獲得安全感，他們需要付出更多精力來消除這些焦慮。這種必要性賦予他們追求的力量和勇氣。放棄滿足需求

可能意味著放棄食物、金錢、關愛和情感,但這樣的放棄會導致貧困、飢餓和無助,從而失去安全感。失去安全感又迫使他們去爭取那些東西。

衝動力不僅僅是滿足需求的驅動,還是焦慮的產物。這一點可以用實驗般的精度來驗證,例如,那些具有寄生傾向或無饜足索取傾向的人,當他們的需求未得到滿足時,焦慮隨之而生,甚至可能滋生出怒火。相反,當他們得到想要的東西,焦慮感就會大大減輕。

有些人的衝動表現為總想在互動中占上風,這類人欣賞正義與權力,當他們錯誤判斷或在人群中時,會感到極度害怕。貪愛錢財或知識的吝嗇之人,置身於大庭廣眾之下或感覺隱私遭侵犯時,同樣會感到恐懼,即便在性生活中也可能感到焦慮。這種情況也可能出現在自戀者或受虐狂身上,這些將在後續討論。

這些案例顯示出驚人的一致性,所有的追求無論是隱蔽還是表面化,都帶有「必須」的特點,這根源於減輕焦慮的防禦策略。我在以前的作品中描述過這種焦慮,稱其為基本焦慮,這是一種對可能存在敵意世界的無助感。相比佛洛伊德的「真正」焦慮,基本焦慮的概念更為全面。它認為,人對環境的態度總體上是懼怕,認為環境不可靠、虛偽、不公平,缺乏溫暖。從這個角度分析,孩子不僅害怕因追求被禁止的慾望而受懲罰,整個大環境在他眼裡都是威脅,可能抹殺個性、剝奪自由、禁止幸福。這種恐懼更具說服力,因為它有著現實基礎。孩子在

這樣的環境中，無法自由發揮能力，自尊與自強遭受摧殘，開放的天性被扭曲甚至丟失。

在我們探討基本焦慮的根源時，孤獨無助感往往是其中一個不可忽視的因素。這種感覺在孩子心中滋長，使他們更加無力抵抗外界的侵犯。他們對家庭的依賴不僅僅是生物學上的，也涉及到權利的維護。然而，孩子們通常會把不滿藏在心裡，因為一旦表達出來，內疚感便隨之而來。他們必須壓抑敵意，否則焦慮會更猛烈，因為對依賴者產生敵意本身就成為一種危險。

因此，孩子們發展出各種防禦策略，以應對這種無助感。這些策略幫助他們在面對世界時獲得一絲滿足感。究竟選擇何種策略，取決於他們所處環境的綜合因素。有些孩子可能追求控制，另一些則可能傾向屈從。有些則選擇乖順，而有些則築起高牆，將自己隔離起來，拒絕外界的侵入。所有這些策略的選擇都取決於現實的條件和環境的影響。

佛洛伊德曾指出，焦慮是「精神神經質的核心問題」，但他不認為驅動人們追求某個目標的動力是焦慮本身。事實上，理解焦慮的作用有助於我們更容易理解挫折的影響。我們往往容易接受快樂受挫的原理，甚至對它產生某種偏愛，只要它能確保自身的安全。

我提出了「神經質傾向」這個概念，以描述那些源自於對安全追求的衝動力量。這與佛洛伊德的「本能衝動」和「超我」有相似之處。佛洛伊德將「超我」視為多種本能衝動的複合體，而

我則將其視為一種安全策略,是達到完美的神經質傾向。

在我看來,自戀癖和受虐狂的本質也不僅僅是本能傾向,而是自我膨脹和自我貶低的神經質傾向。將我的「神經質傾向」與佛洛伊德的「本能衝動」作對照,能更好地比較我們的觀點。佛洛伊德認為所有的敵意侵犯都是本能的,而我則認為如果敵意是為了安全感,那麼它只是一種神經質傾向,否則就是對這種傾向的反應。

此外,性慾在我看來是一種本能,而非神經質傾向。性衝動可能會帶有神經質傾向的色彩,因為為了減輕焦慮,許多神經質患者需要透過性滿足來緩解壓力。

總之,在精神神經質的領域中,人際關係的障礙才是構成病症的各種衝突傾向的根源。理解這一點,有助於我們更全面地看待人格及其問題。

伊底帕斯情結的再思考

　　佛洛伊德的理論中，伊底帕斯情結是他對人類心理發展的一個核心觀點。他認為，這種情結源於對父母的性依戀與嫉妒，並視其為一種生物學必然。然而，我們的觀點卻有所不同。對於這種情感的起源，我們更願意將其看作是環境影響下的心理策略，而非單純的本能驅動。

　　在佛洛伊德的理論中，「性衝動」是驅動人類行為的根本力量，並且他相信這種力量在兒童早期就已經開始影響人際關係。在他看來，當孩子在早期階段對父母產生性慾望時，這種慾望便是「性衝動」的最高表現。這種慾望的壓抑和轉化，成為日後個體心理發展的基礎。然而，我們認為，這種對父母的依戀或敵意，更多是由環境因素所塑造，而非僅僅是生物驅動的結果。

　　佛洛伊德的理論還假設，伊底帕斯情結在大多數健康成年人中已經成功被抑制，這種觀點對於那些不認同其生物學基礎的人來說，說服力並不強。更何況，佛洛伊德還觀察到一些特殊的母女或父子關係，並將其擴大解釋為同性間的逆向伊底帕斯情結，這進一步複雜化了情結的範疇。

　　我們的觀點則認為，伊底帕斯情結可以被看作是一種應對

策略，源於兒童期面對環境不確定性時的自我保護。這種策略並不一定是生物學上注定的，而是由父母的行為和環境互動所促成的。孩子在成長過程中對父母的依戀，可能是因為父母提供的安全感和情感支持，而不是單純的性慾驅動。

總結來說，佛洛伊德的理論為理解人類心理提供一種生物學視角，但我們更強調環境的作用。伊底帕斯情結的形成，並非單一的生物驅動，而是環境和個體心理策略共同作用的結果。這樣的觀點，不僅讓我們重新審視人際關係的複雜性，也為理解精神神經質和心理疾病提供新的視角。

在兒童成長過程中，家庭環境的影響是深遠而多面的。首先，我們探討的是父母帶來的性刺激對孩子的影響。這種刺激可能源自於父母不當的性態度，或是家庭成員之間過於親密的互動，甚至是父母間不和諧的感情關係。這些因素可能導致孩子在面對性刺激時產生反應，但這並不是我們討論的重點。

更值得關注的是另一種環境條件，這與性刺激無關，而是與孩子的焦慮有關。這種焦慮源於內心的需求和衝突，特別是過分依戀父母所引發的孤立感與恐懼感，進而轉化為對父母的敵意。這種敵意可能來自於得不到父母的尊重，被無理要求或壓抑，或者感受到父母不公正的對待。當孩子一方面依戀父母，另一方面又對其心生畏懼時，焦慮便在這種矛盾中滋生。

面對這種焦慮，孩子常常會選擇依賴父親或母親中的一方，以尋求安慰和安全感。這種依賴很容易被誤認為是愛，並可能帶

上性的色彩，形成一種神經質情感需求。這種需求與成年神經質患者的表現類似，充滿了依賴、貪婪、妒忌和占有慾，無異於佛洛伊德所描述的伊底帕斯情結。

然而，這種依戀的動力結構與伊底帕斯情結有著本質的不同。它更像是神經質衝突的初期表現，而非單純的性現象。在由焦慮引起的依戀中，性因素並非本質，可能存在也可能不存在。這種依戀的目標是尋求安全感，而非愛或性慾。

舉例來說，一位女性在婚姻中表現出對丈夫的依戀，這與她童年時對專制母親的依戀如出一轍。這並不是因為她將丈夫視為母親的替代品，而是因為她內心的焦慮未曾消解，從而將這種依戀投射到了丈夫身上。

總之，兒童對父母的依戀，尤其是由焦慮驅動的依戀，並非單純的性問題，而是複雜的心理動力結構的展現。理解這一點，對於家長和教育者來說，是幫助孩子健康成長的重要一步。

伊底帕斯情結：循環的影響與教育的挑戰

在探討依戀類型及其對人類行為的影響時，我們必須承認這些現象並非純粹的生物學現象，而是對外部刺激的反應。伊底帕斯情結並不是源自某種固有的生物學原理，而是受到家庭因素的綜合影響。人類學的觀察表明，這個情結的出現與家庭

的權威性、開放性、規模及性禁忌等因素息息相關。這些因素共同塑造了孩子的心理發展環境，影響了他們的依戀模式。

然而，若排除外部刺激，孩子是否會自發產生性情感？目前的研究主要集中在具有精神神經質的個體上，對於普通孩子的性意念，並無確鑿證據顯示其與生俱來。佛洛伊德認為，性慾一旦被喚醒，其力量足以引發恐懼與嫉妒，必須透過自我壓抑來化解。然而，這個理論對教育的影響是雙面的。一方面，它提醒父母避免過度縱容或過分禁忌，從而對孩子造成長遠的心理傷害。另一方面，它可能誤導父母，讓他們以為只需在某些方面小心翼翼，即可確保孩子的健康成長。

這種片面的理解忽視了許多微小但重要的因素，這些因素對孩子的成長至關重要。即使父母的出發點是關懷和尊重，若缺乏全面的考量，仍可能為孩子未來的神經質埋下隱患。精神分析治療的效果不盡如人意，部分原因正是因為這些細節未被充分重視。

伊底帕斯情結的價值在於其對後期人際關係的深遠影響。佛洛伊德認為，成年後的行為模式在相當程度上是兒童期情結的重現。這個觀點雖然具有啟發性，但若將成人的所有怪癖歸結為兒童期的性依戀，則未免過於簡化，甚至自相矛盾。這種解釋模式彷彿在循環論證，缺乏嚴謹的邏輯支持。

總結而言，伊底帕斯情結理論為我們理解人類行為提供一個有價值的視角，但在應用於教育實踐時，需慎重考量其局限

性。我們應該努力創造有利於孩子健康成長的環境，同時避免過度簡化和片面的解釋，以免忽略那些真正影響孩子未來的關鍵因素。

此外，在探討自戀這個心理現象時，我們常常誤以為它僅僅是自私自利或過度自我中心的表現，然而這樣的認知往往過於簡單化。自戀，不僅僅是個人對自己的極度關注，從心理學的角度來看，它更是一種複雜的心理狀態，是一種自我膨脹的現象，類似於通貨膨脹。當一個人賦予自己過高的價值，超過了實際擁有的價值，這便是自戀的核心。

在心理分析文獻中，自戀的概念涵蓋了廣泛的形式，包括自尊、虛榮、驕傲、以及過度關注自己的外表和智力水準等。這些現象都有一個共通點，即過分關心自己。佛洛伊德曾指出，當我們迷戀一個人時，會忽視其缺點，無限放大其優點，這與自戀的表現如出一轍。因此，自戀者往往期待他人的愛與讚賞，但這種期待往往與自身實際的素養不符。

自戀的本質在於自我膨脹，這種心理膨脹使得個人對自己的價值評估超出了實際，這樣的膨脹可能源於缺乏足夠依據的自我羨慕和自我欣賞。這種現象不僅僅是個體對自身的偏愛，還涉及到對他人期望的錯位。自戀者可能期望獲得超出其實際價值的讚賞，這種期望與自視過高常常相互交織，難以清晰分辨。

然而，我們不能簡單地將自戀等同於所有形式的自尊或理想。當一個人為自己確實擁有的素養而感到自豪，並希望他人同

樣重視這一點，這並不能簡單地歸結為自戀。自戀與健康自尊之間的界限並不總是明確，它們經常相伴相隨，只是存在的形式和重心有所不同。

在臨床上，雖然自戀的表現多樣，卻很難用單一的理論來完全解釋。若不承認「性衝動」理論，自戀的解釋就顯得過於武斷。我們需要從實際的心理現象出發，重新審視自戀的本質，才能更深入地理解這個複雜的心理狀態。這不僅有助於我們更好地辨識自戀的表現，也能幫助我們在自尊與自戀之間找到一個健康的平衡點。

幻想中的自我與現實的隱匿

在尋找解釋人類為何會抬高自己時，生物學上的本能說法似乎並不能讓人滿意。精神神經質現象揭示，這類患者的人際關係常常存在嚴重障礙，而這些障礙通常源於童年時期的環境影響。當孩子因悲傷與恐懼而自我隔絕時，他們的正向情感紐帶變得脆弱，甚至喪失了愛的能力，從而滋生自戀傾向。不利的環境進一步損害了孩子的自我情感，不僅創傷了自尊，也壓抑了自發性。

在這樣的環境中，孩子的心靈逐漸被父母的意志所侵蝕。父母的權威不容置疑，孩子因此唯唯諾諾，失去了自己的主張。當父母願意犧牲自我時，孩子也被迫放棄自我，為了迎合父母的期望而改變自己。這種期望常以天才或公主的標準施加在孩子身上，使他們誤以為父母喜愛的是那樣一個理想化的自己，而非真實的自我。

這些影響雖各有不同，卻都導致孩子為了獲得愛與認可而遵從別人的期望。隨著時間的流逝，孩子的意志、情感、興趣等都變得麻木，也逐漸喪失衡量自我價值的能力。他們開始依賴別人的評價，別人怎麼看他們，他們就怎麼看自己。對於這些孩子來說，別人的評價不僅是衡量標準，更是自我認知的基礎。

在這種壓抑的環境中，孩子會採取各種方式來對抗，例如

表面順從實則逃避規矩，或者依賴他人，甚至透過自我膨脹來獲得心理安慰。自大能夠讓他們暫時逃避痛苦，幻想自己為人中之龍，將現實的挫折視作微不足道。他們可能會有意識地把自己幻想成王子、天才，或是無意識地模糊自己的存在感。

這種幻想中的自我並不會讓他們完全脫離現實，而是賦予現實一種短暫性，就如同基督徒將現實世界視為通往天堂的過渡階段一樣。於是，那傷痕累累的自尊被自我意念暫時替代，幻想出的自己成了他們心中「真實的自我」。這是一種逃避，但也是一種痛苦的自我保護機制。

在孩子的心靈深處，他創造了一個童話世界。在那裡，他是無可挑剔的英雄，所有的傷痛與失落都被這個世界的奇幻光芒所撫慰。當現實中的他遭遇拒絕、輕視和厭棄時，他或許會自我安慰，這一切不過是因為他的卓越讓他人難以企及。這種幻想是否僅僅提供一種可憐的補償性滿足？我們能否真正將他從這種痛苦的泥淖中解救出來？

自戀的自我膨脹常常表現為一種尋求他人認可的強烈渴望。如果他不能被愛、被尊重，那麼至少應該被欽佩，甚至只是被注意。他把欽佩等同於愛，於是，若無法獲得別人的讚賞，他便會感到自己毫無價值。對他而言，任何不符合他期待的評價都是不可接受的，批評更是無法容忍，因為在他的世界觀裡，不崇拜他就是不愛他，而懷疑則意味著敵意。他用他人的讚美來衡量他人，只有那些讚美他的人才值得信任與交往。這種取悅與被取

悅的關係成為他安全感的來源，讓他覺得世界是友善的，而他自己則是強大的。

然而，這種安全感卻如同沙上建塔，一旦崩塌，他便會陷入不安。欽佩他人也會導致類似的後果，這種自戀傾向的組合就此形成。自我與他人的疏離程度，以及焦慮的深淺，決定了這種傾向是否會進一步發展。如果他的早期經歷沒有不可逆轉的負面影響，或者後來的環境變得有利，那麼這種基本傾向可能被克服。反之，這些傾向會在日後日益強化。

這種強化主要受到三個因素的影響。首先是日漸增長的無力感。為了向周圍的人證明自己的價值，他急於取得成就。然而，這種動力潛藏著危機，可能導致他在追求目標時不顧後果，只求結果。這樣的人選擇伴侶，並非因為對方有多優秀，而是因為征服對方能提升他的成就感或社會地位。在這種情況下，創作作品的目的僅僅是為了吸引注意，作品本身並不重要。真相如何並不關鍵，關鍵的是形象是否光彩。

這樣的榮耀無法帶來持久的滿足，他會感到莫名的不安。為了解決這種不安，他唯有加強自戀傾向，追求更多的成功，最終導致自我膨脹愈發嚴重。他甚至擅長把缺點美化為優點，將失敗包裝成成功。當他的作品不被認可時，他會說這是因為自己超越了時代；當他無法與親友和諧相處時，他會歸咎於他人的問題。這就是自戀者的迷宮，迷失在虛幻中，卻渴望找到真實的自我。

自戀與幻想的雙重困境

在生活中,我們常見到一些人對周圍世界懷有不當的期待。他們似乎認為自己與眾不同,無需證明自己的價值,便理應獲得別人的認可與讚譽。這種心態尤其展現在人際關係中,表現出一種被動的驕傲,期待他人主動接近、讚美甚至愛慕,卻不願意付出行動或努力去維繫關係。

這種不切實際的期待往往源於一種自我膨脹的心理,讓人誤以為自己的價值無需證明,別人理應無條件地承認。而當這些期待未能得到滿足時,他們心中便會滋生強烈的失落感,甚至將責任歸咎於他人,認為是周圍環境的冷漠與無情使他們的願望無法實現。

這樣的心理狀態往往導致人際關係的惡化。由於對他人期望過高,當現實不如預期時,他們便會感到受傷,進而對他人產生敵意,甚至自我孤立,陷入一種孤獨與自憐的惡性循環。這種情況下,他們可能會選擇掩蓋起自己的缺點,或者經過一番粉飾後再呈現出來,甚至徹底否認其存在,以維持心中那份不切實際的優越感。

自戀傾向在不同的人身上表現各異,這主要取決於其自我需求在現實生活和幻想世界中如何展現,以及其與其他性格傾向

的結合方式。比如，自戀可以與完美主義、施虐傾向或受虐傾向等結合，這些傾向的共同根源往往在於對生活中不幸的不同解釋。

精神分析文獻中常提到的自戀與群體脫離的關係，有時容易被混淆。其實，自戀者並非一味地脫離群體，而是出於內心的不安全感而選擇疏遠他人。他們渴望別人的讚美與支持，但卻不願意付出情感。這種矛盾的心理結構在精神分析中被視為一種複合的性格特徵，並不僅僅是單一的自戀表現。

要更準確地了解這種心理現象，我們需要將自戀傾向與其他性格特徵結合起來分析，這樣才能更全面地理解其複雜的心理結構和行為表現。透過這樣的分析，我們才能更容易理解這種自戀與幻想交織的雙重困境，並尋求有效的心理調適方法。

自戀傾向並非僅僅存在於精神神經質患者中，而是在我們的文化中普遍存在。人與人之間常常難以做到真正的互敬互愛，這種現象的背後是人們對自身安全、健康和未來的過度關注，這種私心導致了自戀傾向的滋長。佛洛伊德將這些傾向歸因於生物學規律，認為是本能的驅動。然而，這個解釋忽視了文化因素的強大影響力。文化中的情感、思想和行為準則影響著人際關係，導致人們互相疏遠。追求外貌而非品格、為了填補內心的空虛而追逐名聲，這些文化現象進一步助長了自戀傾向。

佛洛伊德教導我們觀察自戀與自大，但我們的觀察結論卻與他不同。我認為，自戀不是本能的產物，而是一種神經質的傾

向，是人們企圖透過神化自我來應對他人與自己的方式。佛洛伊德將正常的自尊與自大混為一談，認為它們僅有數量上的差別。然而，我認為，自尊與自大之間存在著質的區別。自大是虛榮的表現，是在沒有實際品格或成就的情況下向他人吹噓，甚至連自己也被矇騙。而自尊則是建立在真實品格上的，是對自我價值的真實認知。

當自尊受到壓抑，或自我相關的品格被抑制，自戀傾向才可能發展。因此，自尊與自大是相互矛盾的。自戀不僅不是自愛的表現，反而是一種泡沫化的自我，這樣的自我在現實中迷失，只能寄託於幻想以維持存在感。這種狀態下，自戀者不僅失去了愛他人的能力，也失去了自愛的能力。佛洛伊德的理論將自戀比喻為水庫，當水庫中的水枯竭時，給予他人的愛就越來越少。然而，我認為，自戀者不僅疏遠他人，也疏遠自己，他們的愛無論對自己還是對他人都會枯竭。

總結來說，自戀與自尊是截然不同的概念。自戀者因為迷失在虛幻的自我中，既無法真正愛自己，也無法愛他人。而自尊則是建立在真實自我認知上的健康心態，只有擁有自尊的人才能真正關注並愛護他人。文化因素在這兩者的形成中扮演著重要角色，我們應該努力區分這兩種態度，以促進更健康的人際關係。

自戀與性別心理的糾葛

　　進一步探討佛洛伊德的女性心理學理論，他認為人類皆具備雌雄同體的傾向，這種傾向導致了男女身上的精神怪癖和障礙。佛洛伊德的觀點指出，男性的精神怪癖來自於其內部的女性傾向與對女性的排斥之間的衝突，而女性的精神怪癖則源於她們渴望成為男性。當女孩在成長過程中意識到自己缺乏陰莖時，這種缺失感會帶來巨大的不安，甚至可能影響其一生。她們會羨慕擁有陰莖的男孩，甚至產生嫉妒。然而，在正常的成長過程中，這種陰莖嫉妒不會持續太久，女孩們最終會將這種渴望轉變為對生育的渴望，從而彌補自身的「缺陷」。

　　佛洛伊德認為，陰莖嫉妒最終是一種自戀現象，因為女孩因感知到自身的缺失而不滿。然而，這種嫉妒的根源在於對象關係。無論男孩還是女孩，他們的第一性對象通常是母親。女孩希望擁有陰莖，不僅是為了滿足自戀的自尊，更是因為她對母親有著潛在的性慾望。佛洛伊德提出，女孩轉向父親尋求性依戀，是因為她潛意識中將自己缺失陰莖的責任歸咎於母親，並對母親產生敵意。同時，她希望從父親那裡獲得這個器官。因此，佛洛伊德認為，人類最初的性別認知，無論男女，都以男性為中心。

在心理學的長河中，佛洛伊德的理論以其深刻而具爭議性著稱，特別是在討論女性成長的陰影時。根據佛洛伊德的觀點，陰莖妒忌對女性心理的影響深遠且難以逆轉。這種情結不僅僅是對生理差異的反應，更是女性內心深處對自我價值感的追尋。

佛洛伊德認為，女性的許多願望和態度都源於對陰莖的渴望，這種渴望在她們的生活中無處不在。最典型的表現便是女性對生育兒子的強烈願望。兒子成為陰莖的象徵，實現了女性潛意識中對男性特質的追求。這樣的願望不僅影響了母親與兒子的關係，甚至可以在懷孕期間暫時緩解女性的心理焦慮，因為孩子象徵著陰莖，帶來了某種象徵性的滿足。

然而，這種心理結構並不總是帶來正向的影響。女性因為無法擁有陰莖，可能會在與男性的互動中出現困難。她們可能會將希望寄託在男性身上，期待從男人那裡得到未曾獲得的滿足，若男人讓她們失望，女性則可能毫不猶豫地放棄這段關係。此外，這種潛在的妒忌可能驅動女性試圖超越男性，或貶低男性以獲得心理上的優勢。

女性對獨立的追求也被解釋為陰莖妒忌的一種表現，因為獨立賦予她們在社會中與男性平等的地位和能力。第一次性經驗之後，女性可能會對自己的性別角色產生反感，將失去貞操視為一種被動的閹割，從而敵視性伴侶。

在佛洛伊德看來，女性的自卑感源於對自身性別的輕視，

因為她們缺乏陰莖這個象徵權力和完整的器官。這種自卑感常常表現在女性的虛榮心中，作為對失去陰莖的補償。佛洛伊德認為，女性的謙虛與嫉妒都是掩蓋生殖器「缺陷」的方式，並將女性所有的雄性氣概追求視作對陰莖的渴望。

這些觀點儘管在現代心理學中受到質疑，但它依然提供一個思考女性心理發展的獨特視角。理解這些理論，或許能幫助我們更深入地探索女性在追尋自我價值過程中所面臨的挑戰與力量。

挑戰陰莖妒忌：重新審視女性心理

陰莖妒忌這個概念源於佛洛伊德的心理分析理論，常被用來解釋女性心理中對男性特質的渴望，然而這個說法在生理學思維中似乎顯得矛盾重重。女性的生理結構自有其獨特功能，為何她們的心理會被簡化為對男性特質的附庸？這個說法的證據其實並不充分。

首先，觀察者指出，小女孩們常常祈望自己擁有陰莖。然而，僅僅因為這個願望存在，就斷定其比希望擁有乳房的渴望更具代表性，未免過於武斷。畢竟，文化對女性特質的崇尚自古有之，這種願望可能更多地反映了社會對於女性角色的期望。

其次，有些青春期女孩表現出對男性化特質的嚮往，甚至

採取一些男性化的行為。然而，這些表面現象是否真的能證明陰莖妒忌的存在，仍需商榷。反抗心理、對自身形象的不滿等因素，皆可能導致這種行為的出現。隨著成長環境的改善，女孩們擁有了更多的自由，這類行為的頻率也顯著下降。

第三，成年女性有時會表達想成為男性的願望，或在夢中出現與陰莖相關的意象。這類現象雖然存在，但頻率並不如某些評論所言那般高，且多見於神經質女性。這些現象並非不可質疑，我們應該考慮其他更合理的解釋。

在批評陰莖妒忌之前，我們需審視佛洛伊德及其他分析家的觀點。他們經常將女性的某些行為，如控制慾、嫉妒男性成功、自主獨立等，歸因於陰莖妒忌。然而，這些偏見的解釋是否成立，仍需更多證據支持。女性不滿自身生理特徵或父母偏愛兄弟的現象，並不僅僅是陰莖妒忌的表現，甚至男性也可能表現出類似的神經質行為。

事實上，權力、野心、專制、嫉妒等特質，在現代社會中並非女性所獨有。這些特質在男性和女性的神經質結構中，可能只是扮演著不同的角色。因此，將女性的神經質歸因於陰莖妒忌，顯然過於簡單化。觀察表明，這些傾向並非女性的專利，孩子與男性同樣可能表現出這些特徵。

總之，陰莖妒忌這個理論需要在更廣泛的社會文化背景下重新審視。我們應該尋求更全面的理解，而不是簡單地將女性心理歸結於對男性特質的渴望。

夢境中的象徵，若僅以表面的男性化慾望來解讀，無疑是對深層心理的誤解。這種簡單的分析方式，與傳統精神分析的原則相悖，容易被視為理論上的偏見。陰莖妒忌理論的過度強調，不僅來自於分析家的主觀偏見，也與女性患者自身的反應息息相關。一些患者在接受此解釋之後，很快便淡忘，另一些則迅速認同，將其視為解釋自己問題的核心。她們開始以性別差異的視角來解釋自己的困境，甚至連夢中象徵物也被納入這種思維模式中。

經驗豐富的精神分析師會謹慎觀察患者是否易受暗示，並透過分析這些傾向來減少可能的誤導。有些患者甚至不需要分析師的引導，就自發地以性別角度理解問題。然而，我們不能忽視精神分析理論對她們的潛在影響。許多患者之所以傾向於接受陰莖妒忌的解釋，是因為這類解釋不會直指問題核心，且提供一個看似簡單的解決方案。對於婚姻中的不滿，女性更容易接受這樣的原因：自己缺乏陰莖，因而嫉妒丈夫，最終導致關係緊張。相比之下，她們不太願意承認，問題或許在於自己過於苛刻的態度。

這種理論偏見與患者對核心問題的迴避之間，存在著密切的關聯。那麼，究竟是什麼驅使人們用男性化的慾望來掩蓋真正的衝動呢？或許，我們應該將注意力轉向文化因素。阿爾弗雷德·阿德勒認為，對男性身分的渴望，其實是對男性特質與特權的渴望。這些特質與特權在我們的文化中被視為男性的專

屬，如力量、勇氣、成功、獨立以及自由選擇的權利。

然而，我們必須強調，陰莖妒忌並不等於對男權文化的嚮往。這種慾望是自然的，無需壓抑，也不需要象徵性表達。只有當某些情感或傾向被潛意識排擠時，才會需要象徵性表達。被男性化慾望掩蓋的真正追求是什麼？答案因人而異，需具體分析。女性常將自卑感歸咎於性別，因此，若要揭示她們的真正追求，不能僅僅停留在男性化傾向的表面，而應指出，任何人在弱勢地位時，往往用此掩飾自卑感，即便大多數自卑源於其他原因。告訴患者發現真正原因的重要性，是精神分析的關鍵。患者常無法意識到自我誇大的影響，這種誇大雖然能帶來意外的效果，但因為真實必須被掩蓋，這種誇大也變得不可或缺。

解開被壓抑的野心：心理分析的挑戰

在心理分析中，我們常常面臨一個複雜的問題，即如何處理那些深埋在潛意識中的野心，尤其是那些被文化環境壓抑的女性野心。這些野心一旦被壓抑，便會在患者的心理中形成巨大的破壞力，導致她們陷入焦慮的深淵。這種現象在男女之間並無差異，但在女性中，這股野心的力量經常被誤解為一種「想成為男人」的無害慾望象徵。

心理分析師的首要任務，就是揭示這種野心中的破壞性與

利己成分。分析不僅要找出導致這種野心的原因，還需探討它對人格結構的影響途徑，比如壓抑愛、善妒、自我輕視、以及對失敗和成功的恐懼。一旦我們能夠解除患者心靈深處的野心，並正視她對自我過高期望的問題，便能使她不再渴望成為男性，從而讓真正的自我顯現出來。

然而，佛洛伊德的理論常常將這些深層次問題簡化為「陰莖妒忌」，這不僅妨礙了對心理學基本難題的理解，還模糊了與之相關的整個人格結構，如抱負等。這些解釋使得真正的問題被掩埋得更深，我對此持反對態度。從心理治療的角度來看，這樣的簡化解釋更是有害無益。

此外，佛洛伊德認為男性心理中也存在某種「女子氣」的恐懼，這種恐懼被他稱為「拒絕女子氣」，並將許多精神問題歸因於此。我認為，真正需要擔心的是那些過度追求完美自我形象或優越感的人，這才是精神問題的根源。

在女性特徵的理解上，海倫娜・多伊奇進一步闡述了受虐狂與女性精神能量之間的關聯。她認為，女性的心理需求常與受虐有關，從性交的滿足到母親角色中的自我犧牲，這些都被視為受虐狂的表現。然而，這些觀點都基於一個前提，即女性普遍具有順從和依附的傾向。然而，這樣的結論多數來自於對精神神經質患者的觀察，並不一定能代表所有女性。

總之，心理分析需要更加深入地探索和理解被壓抑的野心，並超越傳統理論的束縛，才能更有效地幫助患者重拾真實的自我。

在探討女性神經質患者中受虐傾向的形成時，我們不禁要問：究竟是什麼原因讓這種現象更常見於女性？許多女性患者在性行為中以受虐狂的心態看待自己，認為自己僅僅是男性洩慾的工具，這樣的觀念一旦在她們心中扎根，就會讓她們感到人格的低劣與骯髒。她們甚至可能幻想性交會對她們的身體造成傷害，某些人透過幻想分娩來獲得受虐的滿足感。

此外，某些母親常把自己視作殉難者，反覆強調為孩子所做的犧牲，這種自我形象或許可以解釋為何母親角色能在女性神經質患者中激發受虐傾向。年輕女性對婚姻的恐懼也是一個值得注意的現象，她們將結婚想像成受虐待和淪為丈夫奴隸的開始。這些女性不願接受自己的性別角色，而偏愛男性角色，可能是因為她們在性關係中總是扮演被虐待者。

如果我們承認女性神經質患者的受虐傾向比男性更普遍，那麼原因何在？拉多和多伊奇將責任歸於女性成長過程中的某些固有因素，特別是「陰莖缺失」的假設，但我認為這個假設並不成立。受虐狂並非單一的性現象，而是人際關係衝突的結果。這種傾向在性方面的表現只是其一部分，並不必然需要在性中尋求滿足。

關鍵在於文化因素。女性受虐傾向的形成過程中，文化因素扮演了重要角色。這些因素包括：女性被視為依附於他人的存在，女性被強調為軟弱的一方，以及社會對女性角色的狹隘定義，將她們的生活意義局限於家庭、丈夫和孩子。這些文化

因素本身並不必然導致受虐傾向，但在女性患有神經質時，它們可能成為受虐傾向的幫凶。

文化不僅塑造了女性的性別角色，還在她們的神經質中扮演了推波助瀾的角色。儘管歷史證明女性在這些條件下可以獲得幸福和滿足，但當文化因素與神經質相交錯時，便可能滋生出受虐傾向。這些文化因素對於前幾代人的影響尤為顯著，但現代女性也未能完全倖免。理解這些影響是我們解開女性受虐傾向之謎的關鍵。

愛的枷鎖：女性恐懼與文化羈絆

在佛洛伊德的理論中，女性最基本的恐懼是害怕失去愛，這個觀點深深植根於女性成長過程中固有的情感依賴和受虐傾向。這種對愛的依賴，使得女性將獲得情感視為抵禦焦慮的主要手段，害怕失去愛便成為一種特殊的受虐特徵。相比佛洛伊德的其他觀點，如陰莖妒忌和受虐狂傾向，害怕失去愛更能反映當代女性在文化氛圍中的心理狀態。

然而，這種恐懼並非源於生物因素，而是長期的文化因素使然。歷史上，女性的經濟和政治責任被男權社會剝奪，她們被迫將全身心投入到個人的情感中，這是她們生存的唯一依賴。愛情成為她們的立身之本，與那些實際主義者形成鮮明對比。

愛與忠貞被視為女性的美德，成為她們獲得特權、安全與快樂的唯一途徑。

因此，女性在情感領域中尋求存在感，對於情感之外的事物漠不關心。過去的女性將愛視為無價之寶，期望從中獲得一切，而這種期望在現代社會中依然存在。男權主義的文化氛圍迫使女性將愛視為生命的核心，這也解釋了她們對衰老的恐懼。女性懼怕衰老，因為這意味著性吸引力的終結，進而影響她們的人生價值。相較於男性，女性更容易因衰老而感到絕望，這種恐懼如陰霾般籠罩她們的生活。

此外，這種恐懼還導致了母親對青春期女兒的嫉妒，破壞了母女關係，也影響了女性之間的友誼。女性在這種文化影響下，難以接受性吸引力之外的評價，如成熟、穩重、獨立和睿智等。因此，如果女性持續排斥成熟歲月，她們又如何能如同對待愛情生活般，認真對待其他人格的發展呢？

這種對衰老與失去愛的恐懼，反映了女性在男權社會中的困境。只有在意識到這些文化羈絆之後，女性才能真正擺脫對愛的枷鎖，走向更為獨立自主的人生。

在我們的文化中，女性對其他女性的排斥常常被歸因於佛洛伊德所謂的陰莖妒忌，但這種解釋過於簡單。更深層次的原因在於當代文化氛圍中的人際關係問題和由此產生的自卑感。當今社會中，愛情生活也未必能給予女性足夠的滿足，這種缺乏幸福感的狀況讓許多女性感到孤立無援。

在這樣的文化環境中，女性更容易感到自卑。雖然自卑感並不是女性獨有的心理現象，但文化背景使得女性因其性別而更容易陷入自我懷疑。這並非因為「女子氣」本身，而是因為文化將其他方面的自卑感掩蓋在性別之下。男性通常不會因為自己的性別而自卑，但女性卻常常因為自己是女性而感到不安。

女性自信心的不穩定性在相當程度上源於文化層面的壓力。真正的自信需要建立在寬廣的人類品格之上，比如自主、勇敢、獨立等。然而，傳統上以家庭為中心的價值觀正在失去其穩固性。隨著社會的變遷，女性在家庭中的角色正在改變，這削弱了她們在家庭經濟建設中的自我價值感。

另外，清教徒式的文化觀念對女性自信心的影響不容忽視。在這種文化中，性慾被視為骯髒和罪惡，女性甚至被視為原罪的象徵。這種觀念深深影響了女性對自我價值的認知，導致她們因性慾而感到羞恥，進一步削弱了自尊。

從情感層面看，若自信心僅依賴於愛與被愛，那麼它將非常脆弱。愛是一種互動，依賴外部的欣賞與支持。當情感支持缺失時，女性容易失去自我價值感。因此，自信心的建立不應僅限於愛情，而應包括更廣泛的人格價值。

最後，佛洛伊德曾指出，女性的天性由其性功能決定，但這並不是女性自信心的唯一基礎。拋開這一點，女性仍然可以在多方面尋找自我價值。理解這一點，或許能讓女性在面對文化壓力時，更加如釋重負，擁有更穩固的自信心。

文化與心理：超越生物學的思考

佛洛伊德的理論對心理學影響深遠，尤其在女性心理學方面，他的觀察無疑引發了廣泛的討論。然而，儘管他在晚期文章中開始考慮文化因素對女性心理的影響，但整體仍偏重於生物學的視角，這使得他無法完全揭示文化在塑造心理方面的深刻作用。

在他最後的論述中，佛洛伊德承認社會習俗對女性心理的壓抑作用。他指出，社會和生理的結構共同抑制了女性的主動性，這種抑制可能助長了某些受虐衝動，而這些衝動在性愛中又對女性的內在破壞性衝動產生約束作用。佛洛伊德意識到文化的影響，但仍未能突破生物學的框架，去全面理解這些文化因素如何決定女性的願望和態度。

事實上，文化環境對心理的影響不容忽視。美國婦女與德國婦女的心理特質不同，這種差異又與美國西南部的印第安婦女不同。即使同在一個國家，紐約市的職業女性與愛達荷州的農婦心理也有顯著差異。這些例子說明，特定的文化環境塑造了特定的心理特徵，無論男女都不例外。

佛洛伊德的研究雖然提供有價值的生物學見解，但在文化對心理的影響上，尚有待深入探索。我們應該更加關注文化如何影響心理運作的方式。這不僅有助於更全面地理解女性心理，也能讓我們更容易理解人類心理的多樣性和複雜性。

如果佛洛伊德能在他的理論中賦予文化因素更多的權重，那麼對於揭示人類心理的全貌會更有幫助。文化和心理的關係複雜而深刻，它們共同塑造了我們的行為和思想，這正是我們應該著力研究的方向。透過更深入地研究文化對心理的影響，我們或許能更接近理解人類心理的真相。

　　佛洛伊德的第三本能理論揭示了一種深藏於人性的內在衝突。這個理論不再僅僅是關於性本能與非性本能的對比，而是將焦點轉向了自我保護與自我破壞的對立。佛洛伊德最初認為，自我保護的本能是性衝動的對應體，但他後來發現，自我破壞才是性衝動的真正對立面。這種新觀點不僅從心理學的角度重新定義了人類的基本驅動力，還從歷史與文化中找到了證據。

　　在歷史長河中，我們可以看到破壞本能的影響無處不在。戰爭、犯罪、宗教迫害和專制等現象無不說明人類的破壞性行為。這些殘酷的行為並非僅僅是歷史的偶然，而是人性中潛藏的破壞本能的展現。在日常生活中，我們也能看到這種破壞本能的蛛絲馬跡。欺凌、詆毀、壓榨等行為在我們的文化中屢見不鮮，甚至在看似充滿愛與友誼的人際關係中，也可能隱藏著敵意。

　　佛洛伊德認為，唯一不受敵意滲透的人際關係是母親與兒子之間的關係。然而，這種觀點可能過於理想化，因為即便在這種關係中，也可能存在潛在的矛盾與衝突。這種對立不僅展現在對他人的破壞慾望上，也在於自我傷害的現象。正常人有

時會出現自我毀滅的傾向，而在精神病患者中，自殘現象更為嚴重。即使是一般的神經質患者，也常常透過剝奪自己的快樂和設定不可實現的高標準來懲罰自己。

佛洛伊德的理論提醒我們，人類的破壞本能不僅僅是對外的，也是對內的。這種本能在我們的幻想中表現得尤為強烈，即使現實中的行為可能並不如此極端。在日常生活中，我們可能因為一點小小的冒犯而在夢中對他人施以極端的暴力，這種無形的破壞慾望時刻影響著我們的心理狀態。

總之，佛洛伊德的破壞本能理論揭示了人性中一個深刻而複雜的側面。它提醒我們，在理解自我和他人時，必須正視這種內在的衝突，因為它不僅影響著我們的行為，還深刻地塑造了我們的文化與歷史。

生命與死亡的交響曲

　　佛洛伊德對人類本能的探索引領他走向了一個充滿矛盾和深邃思考的領域。他最初相信，敵意和破壞衝動與性有著密切的關聯，認為這些衝動是施虐狂的一種表現。然而，隨著研究的深入，他發現這種解釋無法涵蓋所有的破壞衝動。這促使他重新審視這些現象，並承認破壞本能可能獨立於性本能之外。

　　佛洛伊德提出了一個大膽的假設：破壞本能或許是一種獨立於性慾之外的本能，這使他開始思考這種本能的生理基礎。他試圖藉由生物學原理和推測，來解釋這些本能的運作。他的理論認為，所有本能都是由感官刺激引發，並試圖消除這些刺激以恢復平衡。這個理論的核心是「強迫性重複」——一種人類重複過去經歷的衝動，無論這些經歷是愉悅還是痛苦。

　　佛洛伊德進一步推論，這種重複過去的衝動可能預示著一種回歸早期生活狀態的本能傾向，甚至可能是回歸到非生命狀態的趨勢。他認為，生命的終極目的是死亡，這個觀點形成了他著名的「死亡本能」理論。他推測，生命結構早於生命發展之前，非生命結構更早於生命結構出現之前，因此存在一種自然賦予的重建非生命結構的傾向。

　　然而，佛洛伊德也意識到，這種死亡本能並非單獨存在，

而是與生命本能緊密交織。生命本能，主要由性衝動所代表，與死亡本能形成了基本的二元對立。這兩者之間的平衡和交織，構成了生命的複雜性。死亡本能雖然無法直接觀察，但其影響卻可以透過與生命本能的相互作用而被間接感知。

佛洛伊德的理論激發了對人類本能的新思考，儘管沒有直接的臨床證據來證實死亡本能的存在，但這個概念深刻地影響了後來心理學對人類行為動機的理解。在他看來，生命本能和死亡本能的交響曲，正是推動人類行為的深層力量。這種二元對立的框架，為理解人類心理的複雜性提供一個獨特的視角。

佛洛伊德的理論揭示了人類本能中一個深邃而複雜的層面：破壞本能，它源於死亡本能與性衝動的結合。為了避免自我毀滅，這些內在的衝動必須指向外界，將破壞的能量發洩到他人身上。這樣的過程可能導致外部的破壞行為，但如果這些衝動無法外洩，則會轉而向內，轉化為自殘或受虐傾向。佛洛伊德認為，這種理論比以往的假設更具說服力，儘管缺乏直接證據，但它滿足了本能理論的所有必要條件：二元對立，器官支撐，以及涵蓋所有精神現象的能力。

他指出，神經質患者常因無法將怨恨發洩出去，而選擇折磨自己。這個觀察為受虐狂行為提供新的解釋，將其視為防止自我毀滅的機制，因為它同樣是性衝動與自我破壞衝動的結合產物。這個理論還為「超我」概念提供基礎，超我是與本能衝動相對立的部分，負責攔截和調節這些衝動，以防止其對自我的破壞。

佛洛伊德更進一步闡述了破壞本能的普遍性。他認為，人人天生具有凶殘、惡意和侵略的傾向。這些衝動不僅僅在受到攻擊時才會展現，而是人類天性的一部分。鄰居可能成為合作夥伴，亦可能成為侵略的對象，滿足人類深層次的攻擊慾望。歷史和人類行為的觀察無不證實這一點，人類的凶殘程度甚至超越了野獸。佛洛伊德指出，愛與恨的關係是深刻而複雜的，恨的歷史比愛更悠久。在人類的成長過程中，從「口腔期」的吞併對象，到「肛門期」的控制對象，這些階段的行為都展現了恨的影響。唯有在「生殖器期」，愛與恨才得以互相依存，共同塑造成人類複雜的情感結構。

　　這個理論讓我們重新審視人性中的黑暗面，理解到在愛與恨的交錯中，破壞本能如何作為一股潛在的力量，影響著我們的行為和心理狀態。破壞本能不僅是人類衝動的表現，更是我們理解人類動機和行為的一把鑰匙。

人性與敵意：破解破壞慾的假象

　　佛洛伊德曾預測，人們很難在情感上接受人性本惡的觀點，因為他們更願意相信人性本善。然而，這種看法忽略了一個重要事實：否認人性本惡並不等同於承認人性本善。此外，佛洛伊德假設的破壞本能，雖然表面上看似難以接受，但其實對於一些

人來說卻具有某種吸引力。這種假設能減輕人們的內心負擔，免去他們面對破壞衝動真正原因的困擾。重要的不是我們是否喜歡這個假設，而是它是否符合我們對心理學的理解。

　　佛洛伊德的理論宣稱，人類充滿敵意和破壞性，這些反應的頻率和強度都很高。問題不在於這些特徵是否存在，而在於他們把這些特徵視為本能。程度和頻率並不足以證明破壞慾是一種本能。這個假設暗示敵意隨時可能爆發，等待著被啟用。人們需要發洩敵意，否則就會感到焦慮和不安。

　　關鍵在於，我們是否有充分的理由懷抱敵意和破壞慾。如果敵意是對環境刺激的合理反應，那麼佛洛伊德的假設就站不住腳了。表面上看，佛洛伊德的觀點似乎有理：人們常常因小刺激而爆發出強烈的敵意。一個乖巧的孩子可能突然變得暴力；一個同事可能無緣無故地貶低他人；一個患者可能對幫助他的人充滿敵意；罪犯可能殘忍對待無辜者，甚至樂在其中。

　　這些例子看似證明敵意常常不成比例地回應外部刺激，但問題在於：敵意是否可能無故產生？精神分析的治療經驗提供了答案。患者即使知道分析者在幫助自己，仍可能貶低對方，懷疑對方的動機，甚至幻想報復。即便分析者無任何過失，患者仍可能無端敵視。這些例子顯示，即使在缺乏明顯外部刺激的情況下，敵意也可能無端產生。

　　精神分析的觀察證明，敵意並非必然源於外部刺激，而可能是內心衝突的反映。這挑戰了佛洛伊德關於破壞慾本能的假

設,提示我們重新審視人性中敵意的根源。

精神分析情境為患者和治療者提供了一個深刻理解彼此心理變化的契機,這是精神分析的核心之一。患者的敵意通常被視為一種防禦反應,其強度與患者感受到的威脅程度成正比。這種敵意可能源自自尊心的脆弱,讓患者感到分析過程是一種羞辱;或者是對分析者的期望過高,感到被欺騙;又或者因焦慮而需要更多的關愛,因而誤解分析者的行為。

此外,患者可能將自己對完美的苛求投射到分析者身上,認為分析者對其要求過高、不公正地責備他。這些敵意,其實是對分析者行為的反應,儘管這些行為可能只是患者的感知而非事實。這種情況不僅限於精神分析的情境,在其他情境中,患者也可能無故產生敵意。

然而,這個假設表面上看似合理,但如何解釋侵犯者對無辜者施加暴力的現象呢?比如,折磨動物的孩子,他們可能並非因為對強者的憎恨和憤怒,而是環境刺激使然。類似地,孩子的施虐幻想也需要解釋:即便是在溫暖、安全的環境中長大的孩子,也可能會有這樣的幻想。

精神分析的實踐中,還有經驗與破壞本能的假設相悖。隨著治療的進行,患者的焦慮逐漸消除,他們對自我和他人的愛與容忍能力增強,破壞衝動也隨之減弱。如果破壞慾望是天生的,那麼它不應該消失,這與觀察結果不符。根據佛洛伊德的理論,經過分析治療之後,患者的生活滿足感提高,內在的侵

犯欲應轉向外界，但事實上，破壞傾向也減弱了。

一些篤信死亡本能理論的分析者可能會反駁，認為雖然患者的破壞慾減弱，但其他行為如固守權益、據理力爭等增加，這些被視為「侵犯性」行為。然而，這種假設如同把愛情視為性衝動受抑的表現一樣荒謬。對一個患有精神神經質的人來說，因無法發洩敵意，可能連向別人借火柴這樣的小事都會自警，這並非破壞慾受抑的表現，而是一種積極對待人生的態度。

因此，我們應重新審視精神分析中敵意與自警的定義，理解它們在患者心中的真實位置，從而更有效地幫助患者走向康復。

破壞與生存：佛洛伊德理論的再思考

佛洛伊德的理論認為，破壞衝動是人類行為的終極驅動力，這個假設將人類的生存目的與破壞相連結，形成了一種悲觀的生命觀。然而，這與我們的理解恰恰相反：人類為了生存而可能選擇破壞，而非為了破壞而生存。在我們的觀點中，破壞行為通常是出於對生存、安全和幸福的追求，而非出於本能的毀滅慾望。佛洛伊德的破壞本能理論不僅缺乏事實基礎，還與現實相悖，對精神分析治療也產生了有害影響。

佛洛伊德認為，如果破壞本能得不到滿足，患者會陷入焦慮。這種觀點導致治療的重點偏離，變成鼓勵患者自由表達敵

意。然而，分析治療的真正目的是探尋衝動的根源，並消除引發衝動的潛在焦慮，而非僅僅讓患者發洩情緒。以此為基礎，治療應該致力於理解患者的內心驅動，而非簡單地將所有批評和敵意等同起來。

此外，佛洛伊德的破壞本能理論也使得區分自我破壞和自我建設變得困難。患者的批評態度可能是一種無意識的敵意表達，但不應將所有批評都視為敵意，以免扼殺患者的批評能力。分析家應該仔細區分敵意動機和自我保護動機，以便更準確地理解患者的行為。

這個理論在文化層面上也具有危險性。它可能導致人類學家錯誤地將某些文化中的友好與親善解讀為被壓抑的敵意，從而使得從文化背景中尋找破壞慾望根源的努力變得無意義。如果人類天生就有破壞慾望，那麼追求美好未來的努力又有何意義？

佛洛伊德的學說中還有一個重要的理論，即機械進化論。這個理論認為，人的現在表現形式完全取決於過去，是對過去的一種重複。這個思想在佛洛伊德的無意識無時間性概念中得到了展現。無意識無時間性概念意味著童年階段被壓抑的慾望和恐懼被儲存下來，不受後期經歷和成長的影響，這種說法似乎像是神話中的情節。

總之，佛洛伊德的破壞本能理論在現實中存在諸多問題，需要我們重新審視和思考。理解人類行為的真正驅動力，才能更好地促進個體的心理健康和社會和諧。

佛洛伊德的理論為我們提供了一個解釋固著現象的基礎，這個概念在臨床上具有極大的價值。當一個人在孩童時期，心中裝入了一個極其重要的人物，並壓抑了對此人的最本質情感，那麼這個人的影子將伴隨他一生。例如，一個小男孩若壓抑了對母親的慾望，並同時壓抑對父親的妒忌和懼怕，這些情感會在他成年後繼續影響他的行為模式與情感選擇。這可能解釋了他對女性的疏遠行為，或是他只願與某些類型的女性建立親密關係的傾向。

　　佛洛伊德用「男性愛情生活分裂」來描述這個現象，即某些男性對他們敬愛的女性毫無慾望，而對他們鄙夷的女性卻情有獨鍾。這種現象被解釋為對母親的固著，其中兩種女性形象代表他心目中母親的不同面向：一個引起性慾，另一個引發敬愛。

　　固著不僅僅與早期環境中某個人有關，也可能涉及整個「性衝動」階段的發展。一個人在其他方面發展的同時，性方面可能仍停留在對某些前生殖器的追求上。這種固著可能因生理或環境因素而產生，例如斷奶時遇到困難或腸胃不適。此時，若母親再生育，孩子可能會表現出極端的飲食行為，如絕食或暴食，並且黏著母親不放。

　　臨床觀察提供了對固著概念的支持，這是一個具有開拓性的方法。然而，精神分析家們通常將焦點放在解釋上，而忽視了對固著的深入探討。當涉及強迫性重複和移情概念時，無意識的無時間性概念也提供了支持。佛洛伊德認為，所有的發展

階段都與對母親的特殊依賴有關。他假設任何表現形式都是對這種依賴情結的重複，這意味著這個情結在某種程度上是孤立且不變的。

強迫性重複的機制不僅受快樂原則的支配，還受到對過去經驗或當前反應重複的本能傾向的影響。佛洛伊德透過觀察兒童對過去經歷的重複傾向和創傷性神經質患者夢中再現的事故場景，找到了他所需的證據。這些現象揭示了過去經驗如何持續影響個體的行為和心理狀態，並強調了固著和重複在個體發展中的重要性。

重複的陰影：佛洛伊德的強迫性重複理論

佛洛伊德在其精神分析理論中，提出了一個讓人深思的概念：強迫性重複。他觀察到，在精神分析過程中，患者時常會不自覺地重複回憶過去的痛苦經歷。這種重複並不是出於快樂原則，而是如同一種無法擺脫的陰影，縈繞在患者的心頭。佛洛伊德指出，這樣的重複經歷，往往是患者試圖無意識地重演童年時期未能完成的目標或解決的衝突。

一位患者在童年時期曾遭遇父母的拋棄，這在她的心靈深處留下了不可磨滅的印記。在分析過程中，她會再度感受到分析者的「拋棄」，重現當年的痛苦感受。這種重複的現象並不僅

僅限於個別案例，而是具有普遍性。另一位患者在童年時期因病痛而渴望母親的關愛，但母親的冷漠讓她感到絕望。即使在成年後的分析過程中，她依然拒絕接受分析者的幫助，彷彿那段痛苦的記憶依然有效，影響著她的行為和情感。

這些重複的經歷似乎支持了佛洛伊德的強迫性重複理論。然而，這個理論並非沒有爭議。有人認為，這些現象可以用更簡單的解釋來理解，即人類內在的驅力和反應模式自然會導致某些行為的重複。例如，一個人可能因無法達成高昂的抱負而重複失敗，或者因為崇拜偶像而屢次失望。這些行為的重複，更多地反映了人類心理的複雜性，而非一種深奧的強迫性重複驅力。

佛洛伊德認為，被分析的患者有重複童年經歷的衝動，這個假設為他的理論提供了支撐。他假設固著、回歸和移情這些概念作為理論的基礎，進而推匯出強迫性重複的理論。這個整套理論體系，雖然看似從臨床觀察中得出，但實際上也受到了佛洛伊德哲學前提的影響。

佛洛伊德的強迫性重複理論揭示了人類心理中重複痛苦經歷的複雜性。儘管這個理論存在爭議，但它仍然為我們理解人類行為提供一個獨特的視角，讓我們得以一窺心靈深處那些無法擺脫的陰影。

佛洛伊德的強迫性重複理論，無論其是否在嚴格意義上被證明，都為精神分析的發展提供一個重要的視角，影響到後來

的臨床治療方法。這個理論的核心思想在於，過去的經歷會以某種形式重演在我們的現在生活中。因此，童年的經歷對於理解一個人的當下狀況顯得尤為重要。

從精神分析的角度來看，童年記憶是解碼現在行為的重要鑰匙。這並不僅僅是因為這些記憶本身的內容，而是因為它們形成了我們對世界的基本認知和情感反應模式。當我們面對當下的挑戰或困境時，往往只是過去未解問題的重現。以兒時的記憶為基礎，我們能夠重新建構某個早期的情感圖景，這樣的過程對於理解和治療當前的心理問題至關重要。

強迫性重複理論還解釋了為什麼某些行為和情感反應會被視為「孩子氣」。這些特質，如潛藏的破壞因素、吝嗇或對環境的苛刻要求，往往被追溯到幼兒期的心理發展階段。這些傾向在普通的健康兒童中不常見，但在神經質的兒童中卻經常出現。當我們將這些行為模式視為早期發展階段的延續時，它們的存在就顯得合理而必要。

此外，精神分析學說中一個重要的假設是，當患者能夠意識到他們的當前困境與童年經歷的連繫時，他們會感到釋然。這種認知讓他們能夠拋棄那些不合時宜的追求和情感傾向，從而促進心理康復。換句話說，精神分析的治療過程就是一種發生心理學的實踐，它試圖揭示和修正個體的心理發展歷程。

然而，這種思維方式也受到了批評，因為它可能過於強調過去的影響，而忽視了當下情境的複雜性。舉例來說，一位女

患者經常覺得自己受到不公正對待。然而，深入分析顯示，她的感受多半是源於對當前情境的誇大或誤解，而這些感受的根源可以追溯到她童年時期的經驗。她的母親美麗而自私，偏愛她的小女兒，這種不公正的對待在她心中留下了深刻的印記。面對這種情況，她既無法發洩不滿，也無力挑戰母親的權威，因而形成了一種持久的心理陰影。

總而言之，佛洛伊德的強迫性重複理論提供了一個理解人類心理和行為的重要框架，即便它在某些方面受到挑戰，但其對心理治療的影響仍然深遠。理解這個理論有助於揭示童年經歷如何塑造我們的現在，並幫助我們更容易理解和解決當前的心理問題。

潛意識的重複：從童年到成年

在心理分析的世界裡，我們常常會發現成年人的行為和態度與他們的童年經歷之間存在著微妙的連繫。這種現象並不罕見，並且在佛洛伊德的理論中得到了深入的探討。佛洛伊德指出，許多人在成年後仍然會重複童年的行為模式，這被稱為強迫性重複。這種現象可以解釋為一種潛意識的驅動力，促使人們在無意識中延續過去的情感和行為模式。

在臨床實踐中，我們常常會遇到這樣的情況：一位患者在

成年後仍然渴望得到他人的關愛和認可，這似乎是他們童年時期所缺乏的。這種需求可能源於他們小時候只有在乖巧聽話時才能獲得父母的關愛。於是，這些人在成年後仍然保持著這種聽話的態度，希望能夠贏得他人的關心和支持。

然而，為什麼有些人會將這種態度延續到成年期呢？這背後的原因值得我們深入探討。佛洛伊德認為，這種行為模式是一種無意識的重複，反映了個體在早期生活中未能解決的情感衝突。透過精神分析，我們可以重構患者的童年情境，即便他們只告訴我們有限的資訊。這種重構過程雖然可能包含暗示和鼓勵的成分，但也揭示了他們對過去的怨恨和未解決的情感。

在某些情況下，患者可能會在臨床分析中感受到情感上的牴觸，這是因為重構過去的過程可能揭露了他們對重要人物的複雜情感，比如對母親的怨恨。這種情感上的牴觸往往使得他們在治療過程中感到被動。然而，這也為我們提供了一個理解他們重複早期反應的機會，特別是他們如何用尊崇掩蓋怨恨的方式。

儘管臨床觀察支持了佛洛伊德的理論，但重構過去究竟能為患者帶來什麼樣的益處呢？佛洛伊德認為，透過意識到現在的反應已經不再適合當下的環境，患者有機會放棄這種過時的行為模式。這種認知可以讓他們更真實地了解自己的過去，並在此基礎上做出適當的行為改變。然而，這樣的結果並不總是如願以償，因為有些患者的強迫性重複力量過於強大，以至於

難以中止。

總之，佛洛伊德的強迫性重複假設為我們理解人類行為的複雜性提供了重要的視角。雖然並非所有患者都能透過這種認知實現康復，但這個理論仍然為我們探索人類潛意識的奧祕提供了寶貴的啟示。

佛洛伊德提出的神經質反應理論，雖在某些方面得以證明，但其不完全性卻在反覆的失敗中逐漸顯現。患者的神經質反應，佛洛伊德認為缺乏現實依據，然而此論點忽略了患者性格結構本身亦屬現實的一部分。對於患者而言，她的性格與過去經歷共同構成了她的現實。這個現實中，隱藏著影響她反應的深層因素。

透過情境分析，我們發現患者的反應與其童年不幸經歷密切相關。她因曾遭遇可怕事件，形成了一種強迫性的謹慎，這種謹慎表現在謙遜、退縮以及在衝突中強迫自己接受他人觀點。然而，這看似謙遜的表面下，卻滋生著強烈的要求與隱藏的憤怒。

這些要求與憤怒的存在，患者自己並未意識到，但它們卻顯露於她的行為中。當她試圖獲得某些東西而缺乏充足理由時，她會感到焦慮不安；疲憊不堪的外表下，掩藏著蒼白的憤怒；當她的願望無法實現時，憤怒便悄然而生。這些情緒在她的行為中表現為苛刻與以自我為中心，這種苛刻在表面上被她討好他人的態度所掩蓋，卻是她與他人關係障礙的根源之一。

經過深入分析，我們描繪出一幅患者情緒反應的線形圖：

以自我為中心，苛刻要求他人，因未能實現要求而產生憤怒，繼而更加怨恨他人，對他人愈發缺乏信任，進而更加以自我為中心。這是一個無法自拔的惡性循環，隱藏的憤怒藏匿於無助的疲憊之下，無法宣洩，只在心中醞釀。

患者不敢表達憤怒，因為她更害怕他人的憤怒。她對自己要求完美，卻時常陷於怨恨之中。當她感到遭遇不公，她便有了合理化怨恨的理由，並以此迴避他人的要求。這種自我同情包裝了自私自我，使她得以繼續維持良好形象而不必改變。當她感到孤獨或不被愛，自我同情成為她的安慰劑。

因此，患者的反應並非毫無現實依據，而是由其當前人格結構中的動態因素導致。治療的關鍵在於辨識並消除這些因素，這將在後續討論治療策略時進一步探討。

追尋童年的迷霧：心理分析的反思

在臨床心理學的實踐中，錯誤的結論時常出現，而這些錯誤往往與過去的回憶重構有關。儘管在某些情況下，重新建構過去的經歷可以幫助患者更容易理解自己的成長歷程，但這種方法的有效性卻常常受到懷疑。尤其是當這些重構的記憶缺乏充分證據時，它們就顯得更加無力。即便有大量證據支持，這些記憶仍然只是眾多可能性中的一種，並非萬能鑰匙。

許多分析家意識到，以童年的經歷來解釋當前行為的企圖，往往過於簡單化。這種做法試圖用有限的童年見識來解釋現代的複雜行為，而這種推斷可能是錯誤的。相反，我們應該將關注點放在驅動或抑制人類行為的真正力量上，這樣即使對童年的了解有限，也能慢慢理解這些力量的作用。這種方法不僅不會減少對童年的理解，反而可以讓我們更好地釐清那些真正影響個體行為的因素。

此外，發生法導致錯誤判斷的另一個原因是，與當前行為相關的童年經歷往往過於零散，無法提供足夠的解釋。例如，有人可能因為某次偶然的經歷而將其視為整個性格結構的根源，但這種推斷過於簡單且不可靠。即使是創傷性事件，也不能總是直接歸因於某種性格或行為的形成。這種偶然的可能性在心理分析中被過度使用，導致了許多錯誤的解釋。

在這個背景下，回歸理論和移情理論試圖解釋人類重複過去情感經歷的傾向。這些理論主張，過去的情感經歷會在某種程度上復甦，影響個體的當前行為。然而，這些理論的基礎，如「性衝動」理論，常常將人類的發展分為幾個階段，如口腔期、肛門期、生殖器期和生殖期，每個階段都有其特定的性格傾向。然而，對於所謂的「生殖期境界」的討論卻相對較少，因為這被視為一種理想的適應狀態，象徵著「正常」的心理狀態。

總而言之，對於心理分析中的重構法和相關理論，我們應該保持謹慎，避免過於依賴過去的記憶來解釋當前的行為，並

將重點放在更具體和可衡量的行為驅動因素上。這樣，才能更容易理解和幫助患者。

在心理學的領域中，回歸理論常被用來解釋人類行為中某些似乎不合時宜的特徵。這些特徵被認為是個體在面對壓力或困難時，退回到更早期、不成熟的心理階段的表現。這種理論在分析神經質或精神病時特別常見，因為它提供了一種解釋，說明為何某些行為模式會在特定情境下反覆出現。

例如，憂鬱症患者常被視為回歸到口腔期，這是因為他們的行為中常見厭食、害怕飢餓等特徵，這些都與口腔期的心理需求相符。佛洛伊德的分析指出，憂鬱症的自我譴責實際上是將對他人的譴責內化，形成一種對自身的攻擊，就如同將他人「吃下」一樣，這種內投的行為反映了心理上的退化。

同樣地，強迫性神經質被視為回歸到肛門虐待期，因為這類患者往往表現出怨恨、潔癖等行為，這些特徵與肛門期的控制與順從的衝突相呼應。精神分裂症則被認為是回歸到自戀階段，患者逃避現實，沉浸於自我感覺，這種狀態下自我中心的特質顯而易見。

然而，回歸理論並不僅僅針對整個性衝動的組織，有時只是回歸到過去的情慾對象上，這在討論歇斯底里時尤為明顯。回歸被認為是生殖期追求遭受挫折的結果，任何對生殖期追求的阻礙或痛苦經驗都可能引發回歸，例如愛情失敗或對性生活的恐懼等。

值得注意的是，回歸的概念與強迫性重複的理論存在一定的矛盾。某些事件對普通人而言不具創傷性，但對特定個體可能引發強烈的神經質反應。例如，一名教師因校長的指責而陷入憂鬱，這可能是因為校長的形象勾起了他對父親的記憶，激發了過去未解的情感糾結。同樣，一名內科醫生在婚姻前夕表現焦慮，可能是因為潛在的恐懼與內疚感再次浮現，這些情感源於孩童時期的未解情結。

回歸理論的批判性思考揭示出，這種行為模式的重複與過去未解的心理衝突有著深刻的連繫。理解這種複雜的心理過程，不僅有助於解釋神經質的形成，也能幫助我們更深入地探討人類行為的根源。

童年印記：性格的隱祕力量

在探索心靈的深處時，我們常常發現，理解一個人為何在某一特定事件中失去平衡，首先需要深入了解他的性格複雜性以及支撐他心境平穩的條件。對於那些心境依賴於幻想完美並渴望他人認可的人來說，上司的一句輕微指責就可能引發神經質的反應。同樣地，對於幻想自己無限偉大的人而言，哪怕是一個隨意的拒絕都可能導致他陷入心理障礙。而對於那些因長期疏離而心境獨立的人來說，婚姻的逼近可能會成為他們神經質

的誘因。這些情況表明，當微小事件能夠摧毀一個人的心理平衡時，往往意味著其性格結構的不穩定性。

在精神分析的領域中，常有人要求披露詳細的分析過程，以便理解分析者的結論。然而，我認為這種要求基於一種毫無根據的懷疑，因為它質疑患者是否能提供真實可靠的分析材料。從我的經驗來看，精神分析者的良知無需被質疑，真正值得討論的是，這些記憶是否應該被當作解釋的基礎。這種方法是否過於單向或機械化？個人的性格結構，才是能夠揭示事件背後真相的關鍵。

在這個討論中，或許我的評論聽起來像是一種「現在對過去」的批判。然而，若只用單一的視角看待問題，則過於簡單且不合理。無論如何，童年的經歷對一個人的性格發展有著決定性的影響。這是佛洛伊德的眾多功績之一，他比前人更精確地指出了童年經歷的深遠影響。問題不再是是否影響，而是如何影響。

童年的影響有兩種主要方式。首先是直接的痕跡，這些痕跡可在成年後的行為中被追溯到早期的記憶。比如，不自覺地喜歡或討厭某人，可能與早期記憶裡的父母或兄弟姊妹的形象有關。這類負面經歷可能使孩子不再相信他人的善良，也失去被需要的感覺。這些情感就如同兒時的經歷被直接帶到了成年期。

其次，童年的整體經歷塑造了獨特的性格結構，或者說開啟了它的發展。有些人的性格發展在五歲時就停止了，有些則

在青少年時期,還有些人在三十歲左右甚至更晚才停止。這意味著,我們不能用固定的標準來判斷後期的行為特徵。性格的發展是多方面因素綜合作用的結果,並非單一原因所致。

因此,理解一個人的性格,尤其是那些不友善的反應,需要從整體性格結構的角度出發。這樣我們才能更容易理解事件背後的深層原因。

在精神分析的領域中,佛洛伊德的發現無疑具有革命性的意義。他揭示了患者對分析者及分析情境的情緒反應,不僅是治療的障礙,更是一種有力的治療工具。這種情緒反應,或稱為「移情」,展現了患者在分析過程中的複雜情感動態。佛洛伊德的開創性工作在於,他不僅僅依賴患者的依戀或易受暗示的特質來治療,而是將他們的情緒反應視為探索患者內心世界的關鍵。

在分析過程中,患者往往會對分析者流露出不合邏輯的情緒反應。他們可能過度關注分析者的愛與欣賞,甚至忘記了接受治療的初衷。有些患者會對分析者產生莫名的恐懼,擔心與分析者的關係出現裂痕,或者將整個分析過程視為一場競爭,希望取得上風。這些情緒反應不僅反映了患者自身的心理狀態,也揭示了他們在其他人際關係中的行為模式。

佛洛伊德意識到,分析情境提供了一個獨特的平臺,能夠深入探討這些情緒反應的意義。在這種環境下,患者被鼓勵表達自己的情感和思想,而分析者則可以在相對簡單的互動中觀察和理解患者的反應。雖然患者在描述他們與他人的關係時,

也會透露出一些內心的衝突，但這些描述往往缺乏自覺性。患者通常不願意承認自己的問題，甚至會無意識地掩蓋自己的心理障礙，以維護自身的形象。

在精神分析的過程中，分析者面臨的挑戰在於如何準確地理解患者的情緒反應。雖然患者有時會對分析者做出無根據的反應，但分析情境的設定旨在最大限度地減少這些錯誤的發生。分析者的角色是客觀而公正的，他的任務是深入理解患者的反應，而不是讓個人情緒干擾治療過程。分析者的自我反省能力以及對情境的敏銳掌握，使得他能夠有效地運用移情作為治療工具。

佛洛伊德的這個發現，雖然在當時並未得到充分的讚譽，卻為精神分析奠定了重要的理論基礎。移情不再僅僅是患者的情緒反應，而是成為治療過程中一個至關重要的元素。透過對移情的理解，分析者能夠更深入地探討患者的內心世界，為他們提供更為有效的治療。這個創新思維不僅豐富了精神分析的理論，也為無數患者帶來了心理上的解脫和成長。

依戀與焦慮：解析患者對分析者的情感

佛洛伊德的理論替心理學帶來了深遠的影響，然而他的某些觀點仍然受到機械進化論的影響，這在移情概念的爭議上尤

為明顯。他認為，患者對分析者的非理性情緒反應源於幼兒期情感的復甦，這些情感如愛、鄙視、猜疑、妒忌等，無論分析者的性別、年齡或行為如何，它們都會轉移到分析者身上。這種情感力量如此強大，以至於佛洛伊德認為必須用幼兒期的本能驅動力來解釋。

在解析這些情感時，分析者首先要辨別患者在分析過程中的特定情感階段，並理解患者賦予他們的角色——是父親、母親，還是兄弟姊妹？是慈母形象，還是惡母形象？假設患者對分析者產生了愛的情愫，那麼患者可能會因為分析者的友善而感到快樂，因為分析者的微小拒絕而感到沮喪，甚至會嫉妒分析者的親人或其他患者。患者可能幻想自己是分析者的首要選擇，並在夢境中對分析者產生性慾。

如果按照佛洛伊德的解釋，這種情感可能是患者對母親的舊愛復甦。患者幼時對母親的強烈依戀現在轉移到了分析者身上。當患者的症狀減輕時，這種迷戀可能會轉移到其他人身上，如大夫、律師或教士。分析者意識到這種情感並非固定針對某一對象，而是一種重複舊模式的衝動。患者意識到這種強制性的、不真實的愛之後，可能會感到安全，因為他意識到這些情感是舊有模式的重複。

然而，這種解釋忽略了患者性格中的現存因素，比如患者對分析者的依附。可能患者有明顯的受虐傾向，為了獲得安全感與滿足感，他將自己綁縛在別人身上，甚至幾乎與別人合而為

一。對患者而言，追求情愛是一種消除迷惘的手段。我們可以推測，患者將情愛視為愛與忠誠，並且在成功的分析過程中，焦慮的激發會增加他對分析者的依附需求。

因此，當分析者發現患者對自己依賴超乎尋常時，有必要將這種依賴與患者的現存焦慮連繫起來。這樣分析者就有機會辨識患者的焦慮，並理解導致焦慮的模式，從而從根源上減少依賴風險。這種解析方法不僅有助於理解患者的情感，還能促進患者的心理健康。

在心理分析中，若以幼兒的模式來解釋患者的依戀，可能會面臨三重風險。首先，這種方式可能無法觸及患者的基本焦慮，反而加深對分析者的依賴，這與治療的核心目標背道而馳。治療的目的是幫助患者獲得獨立的人格，而非強化依賴。當患者對分析者的依賴加劇，治療過程可能陷入停滯，難以實現預期的心理成長。

其次，若僅以重複過去的經歷來解釋患者在分析過程中的情緒反應，可能使分析失去實質意義。患者可能會覺得自己的尊嚴被肆意羞辱。如果分析者僅將這種反應與過去的羞恥感連繫，而忽視當下性格結構中可能解釋這些情感的因素，那麼分析將偏離正軌，浪費雙方的時間。患者或許正在心中抵制分析者的努力，試圖挫敗其意圖。

最後一重風險在於忽視對患者當前人格結構及其影響的詳細解析。當前的傾向，即使起源於過去，也應被視為現存的

現象。只有在充分理解這些傾向之後,才能將其與過去的經歷連繫起來。這個過程對於理解各種傾向之間的內在連繫至關重要。某些傾向可能會增強或牴觸其他傾向,這種互動可能導致錯誤的理解。

舉例來說,一位極有天分的患者 x,在與分析者的互動中展現出三種主要傾向:a、b、c。a,他非常順從分析者,潛意識裡渴望得到保護和愛戴;b,他自視甚高,認為自己是個天才,若分析者質疑這些特質,他會感到憤怒;c,他心中忐忑,害怕被分析者鄙視。分析揭示了他童年的三個經歷:a1,他的順從能換取父親的滿足;b1,父親視他為天才;c1,母親鄙視父親。以佛洛伊德的移情概念分析,x 在童年時與母親的影子重疊,期望能從父親那裡獲得回報。這導致了他當前的人格結構:潛在的被動同性戀傾向,自我鄙視與害怕被鄙視的恐懼。他的高傲是對女性傾向的反抗,試圖補償內心的恐懼與羞愧。

這樣的分析不僅幫助我們理解患者的行為和情感,也揭示了其深層次的心理動因,從而為治療提供了更為全面的視角。

虛偽與真實的交錯:人格結構中的愛與恐懼

在我們探討人性深處的複雜性時,常常會發現個體在其人格結構中展現出微妙的矛盾。例如,某些人雖然擁有卓越的天

賦和優秀的素養，卻依然深陷於被輕視的恐懼中。這種恐懼常常使他們以清高的姿態示人，試圖掩飾內心的脆弱。這種矛盾行為的根源在於他們無法兌現自己暗中許下的承諾，所激起的愛與期望遠超過其能力所及。

這樣的個體通常會展示出一種微妙的虐待狂傾向，並被恐懼所驅使。他們可能在智力上的成就上被寄予厚望，卻因為縱情於自我設限中，無法達成這些期望。這種狀況形成了一個惡性循環：他們一方面希望透過許諾贏得他人的愛與支持，另一方面卻從未真正付諸行動。孤傲自負成為他們掩飾內心欺騙策略的面具，不僅隱瞞了他人，也自欺欺人。

在這樣的心理傾向中，順從並非出於真心，而是為了從他人那裡獲得某種回報。這種順從是由焦慮驅動的，而焦慮又源自於對自身虛假的不辨利弊。當他們意識到自己對他人的依賴時，往往會感到自我鄙視，並因生活的虛偽而恐懼被輕視。

佛洛伊德對此現象的觀察指出，無論是在分析情境還是其他親密關係中，個人的情感反應往往是其整體人格結構的反映。在分析情境中，患者對分析者的愛可能是童年情感的投射，這引發了對所有愛是否都是移情結果的深思。區分移情與非移情的愛，需要從個體的人格結構來考量。

分析中的依附和依賴現象更為普遍，這些情緒反應在此情境中顯得更加頻繁和激烈。佛洛伊德認為，這是由於分析加劇了倒退性反應。患者在分析過程中，因自由聯想和分析者的包容，

逐漸放鬆成人控制，流露出幼兒期的情感反應。即便患者在分析中遭遇挫折，分析仍需繼續，以照顧患者的需求。這種持續的分析促進了情感的回歸，類似於其他挫折引發的回歸模式。

這一切揭示了人格中的虛偽與真實交錯，愛與恐懼交織的複雜性。理解這種矛盾，或許能讓我們更容易理解自己和他人，並在面對內心深處的陰影時，找到一條通向和解的道路。

精神分析的過程中，移情現象是一個無法忽視的重要議題。佛洛伊德的理論指出，患者在分析中表現出的不理智情感，是對過去情感的重複，尤其是與父母、兄弟姊妹的情感相似。因此，移情反應被視為戀母情結的重現，並成為證明伊底帕斯情結存在的有力證據。然而，這種解釋本身是一個循環論，依賴於一個有爭議的假設：伊底帕斯情結是一種不可避免的生物學現象。

在臨床實踐中，移情的處理涉及分析者如何應對患者的情感投射。佛洛伊德建議，分析者應該像一面鏡子，避免將自己的人格特質帶入分析過程，以便更清晰地觀察患者的問題。這個建議的出發點是希望分析者不被個人情緒所左右，從而保持客觀。然而，這種理想化的「鏡子」角色可能導致分析者變得刻板和冷漠，甚至獨斷專行。

事實上，分析者完全摒棄自我的可能性微乎其微。自發性的情感反應是人之常情，即使在專業的分析環境中也不例外。這些反應不應該被忽視或壓抑，而是應該被了解和利用。分析

者需要自覺地審視自己對患者的情緒反應，這不僅有助於更深入地理解患者的心理動態，也是一種自我了解的機會。

例如，當患者試圖激怒或羞辱分析者時，這些行為可能暗示著患者潛在的慾望和防禦機制。分析者的反應可以成為一個重要的線索，揭示患者的內心世界。這種自我反思的過程要求分析者不僅要意識到自己的情緒反應，還要考慮這些反應是否是患者刻意引發的，或者是否有助於揭示患者的潛意識。

總之，精神分析中的移情現象不僅是患者過去情感的重現，還是分析過程中一個重要的互動環節。分析者應當在了解和接受自己的情緒反應的同時，利用這些反應來促進深入分析。這種方法不僅能提升分析的效果，還能促使分析者在專業領域中獲得更深刻的自我認知。

反移情的自我覺察與分析者的挑戰

　　在心理分析的過程中,「反移情」是分析者面對患者時不可避免的情緒反應。這種反應常常與移情概念相似,且容易引起爭議。當患者表現出某種挫敗分析者的傾向時,分析者可能會感到惱怒,這種情緒可能源於他將患者與自己過去的經歷連繫起來,例如在童年時被父親挫敗的情境。然而,若分析者能從自身性格結構出發,理解這種情緒反應是對患者行為的真實回應,他就能更清楚意識到,這種惱怒可能是因為他對於治癒每位患者的能力抱有過高的期望,當這個目標未能達成時,他便感到失敗和羞愧。

　　這種情緒反應為分析者帶來了挑戰,特別是在他感覺自己遭受不公正對待時。如果分析者試圖以此掩蓋自己的過分要求,他將無法有效地解開患者的心理心結,反而可能更多地對患者的痛苦產生同情,而忽視了分析痛苦背後隱藏的防禦機制。因此,分析者必須保持高度的自我覺察,意識到自己的反移情反應,並嚴格地自我分析。

　　對於分析者而言,這意味著不能簡單地將患者的問題與其幼年行為連繫起來,而是需要以開放和自由的思維來理解患者的困境及其後果。只有在分析者自身問題得到解決的前提下,才

能夠深入剖析患者的神經質抱負或受虐狂依賴的深層含義。

在這個過程中，反移情成為了分析者自我成長的重要工具。它促使分析者反思自己的情緒反應，並在此基礎上逐步提高其分析能力。透過不斷的自我分析和自我認識，分析者才能更容易理解患者的內心世界，並有效地引導患者走向治癒的道路。這種自我覺察的過程不僅提升了分析者的專業素養，也促進了他個人的心理成熟。

在精神分析的領域中，移情這個術語常常被狹隘地理解為過去情感的復甦。然而，若能將其從這種片面的理解中解放出來，移情的價值將得到更深刻的展現。我的觀點是，神經質實際上是人際交往困難的表現，而分析情境關係則是一種特殊的人際關係。這意味著，當我們在其他關係中遇到困難時，同樣的困難也會在分析情境中出現。分析情境的特定條件使得我們能夠更準確地研究這些困難，並能說服患者理解這些困難及其作用。

如果我們能夠透過這些分析，將移情概念從強迫性重複的理論偏見中剝離，那麼移情將能夠發揮其應有的效用。在這樣的背景下，我們可以更容易理解神經質的本質，並且在文化與個體心理的互動中，找到更有效的治療方法。

透過前面的討論，我們可以看到，佛洛伊德在理解文化因素對人格影響方面存在某些局限。這些局限源於他將自己定位為本能理論家，而未能全面評估文化對心理的深遠影響。他將神

經質的矛盾傾向視為本能傾向的偽飾，忽視了這些矛盾實際上是我們生存條件的反映。

　　佛洛伊德的理論對文化因素的忽視，使得他在解釋神經質時，未能充分考慮文化對個體性格的深遠影響。他沒有意識到，神經質的矛盾傾向不僅僅是個體環境的結果，更是由於我們生存於特定文化條件下所致。這種忽視限制了精神分析理論在解釋神經質成因時的全面性。

　　如果我們能夠意識到文化對神經質的影響，那麼我們就能更深入地理解神經質的本質，並在治療中考慮文化因素的作用。這將有助於我們在精神分析中，找到更全面和有效的治療策略，讓移情的應用得以突破傳統的限制，發揮其應有的潛力。

佛洛伊德的內驅力解析

在佛洛伊德的觀點中，西方中產階級普遍存在的神經質特徵，源於人類生物本能的深層驅動。他認為，這些特徵並不是偶然，而是人類固有性格的展現。佛洛伊德將人類的行為歸因於多種內驅力，這些內驅力影響著我們的敵意、自戀、慾望以及對財產的態度。

在佛洛伊德的分析中，敵意被簡化為破壞慾的表現，這種慾望使得恨意比愛更為迅速且多變。他認為，這種敵意在每個人心中無處不在，時刻準備著爆發。自戀則被解釋為一種自我的中心性，佛洛伊德將其歸因於性衝動的表現，這種情感驅使著人們在情感上感到孤獨，並且總是希望將一切據為己有。

此外，佛洛伊德還認為人類對於財產和利益的模糊態度，源於肛門期的性衝動。他將這些心理特徵視為人類發展過程中的必經階段，並認為這些特徵在特定社會環境下會被放大或抑制。然而，佛洛伊德忽視了社會環境對這些特徵的塑造作用，將其簡單地歸因於生物本能。

佛洛伊德的理論進一步延伸至文化現象，他認為文化的演變與內驅力的表達方式密切相關。資本主義文化被他連繫到肛門性慾，而戰爭則被視為破壞慾的結果。他認為，文化成就

不過是性衝動的昇華，文化的多樣性是由於內驅力的差異性所導致。

在佛洛伊德的世界觀中，內驅力的表達與壓抑是決定文化特質的關鍵。口腔、肛門、生殖器和破壞慾的內驅力，塑造了各自獨特的文化現象。這種觀點使得他在解釋人類行為和文化時，過於強調生物本能，而忽視了社會環境和個體經驗的影響。佛洛伊德的理論雖然提供了一種獨特的視角，但也因其單一的生物解釋而受到批評。在他看來，人類的一切行為和文化產物，似乎都能追溯到無法逃避的本能驅動，這一點在當代心理學中仍然引發廣泛的討論和反思。

在探索文化與個體心理的交錯中，我們常常面臨著一些錯綜複雜的誤解。特別是在對原始部落習俗的解釋中，有些學者將其比作我們文化中的神經質現象，這種觀點不免引發爭議。一位德國作家曾嘲諷地指出，將原始人視為野蠻的神經病患者是一種精神分析式作家的偏見。這種觀點在社會學與人類學的領域中，引發了激烈的辯論，甚至有人企圖藉此全面否定精神分析在文化問題上的貢獻。然而，這種做法顯然是缺乏正當理由的。精神分析本身並非毫無根據，只是某些原則偏離了其初衷，值得商榷罷了。

佛洛伊德在其理論中，常常不夠重視文化因素的影響。他傾向於將某些環境影響視作偶然的個人不幸。例如，他認為家庭中男孩比女孩受到更多的偏愛只是偶然現象，但這實際上是

父權社會結構下的必然結果。有人或許會反駁，認為個體分析與對偏愛的看法毫不相關，然而，女孩因父母偏愛兄弟而感到自卑和失落的現象卻真實存在。因此，佛洛伊德將這種偏愛視為偶然，顯然忽視了影響女孩心理的重要因素。

不同家庭會留下不同的童年記憶，而同一個家庭中的孩子也可能有截然不同的成長經歷。這些經歷大多是整個文化氛圍作用的結果，而非孤立事件。例如，兄弟姊妹間的競爭如果僅僅因為在我們的文化中普遍存在就被視為人類的普遍現象，這樣的看法未免過於簡化。我們不得不思考，這種現象與文化中競爭的實際情況有何關聯？如果競爭如此深入人心，而唯獨未滲透到家庭中，那實在難以置信。

因此，理解文化與個體心理的關係，需要我們更深入地探究文化背景與個人經歷的互動作用，而非僅僅依賴於某一理論的片面解釋。精神分析在這其中的作用，或許並非全然正確，但也不應被輕易否定。它提供了一種視角，讓我們能更全面地看待文化對個體心理的深遠影響。

文化與神經質：深層交織的影響

在探討文化因素對神經質的影響時，佛洛伊德提供了一個片面的視角。他主要關注的是文化環境如何影響個體的「本能」

內驅力,這種影響經常以挫折的形式出現。佛洛伊德認為,文化環境透過對「性衝動」的壓抑,尤其是針對破壞慾的內驅力,導致了壓抑、負罪感和自我懲戒的增長。他的基本觀點是,文化的代價是個體的不滿與不快樂,解決之道在於昇華。然而,昇華的能力有限,並且因為「本能」內驅力的壓抑是導致神經質的根本原因之一,佛洛伊德得出結論,文化造成的壓抑程度與精神神經質的發生頻率和嚴重程度之間存在著一種數量關係。

然而,僅僅關注文化與神經質的數量關係是不夠的,品質關係同樣值得深入探討。文化傾向的性質與個人衝突的性質之間的關係,才是揭示兩者深層交織的關鍵。這種品質關係的研究並不簡單,因為人類不可能在多個領域都達到精通的程度。因此,研究這種關係通常讓人感到困難。

社會學家和精神分析家各自在自己的領域擁有專長。社會學家著眼於特定文化的社會結構,能夠提供關於社會背景的洞見,而精神分析家則專注於精神神經質的結構,能夠提供對個體心理的深入分析。要想突破文化與神經質之間關係研究的瓶頸,唯有兩者的合作才有可能達成。社會學家的整體視野和精神分析家的微觀洞察相結合,可以更全面地理解文化對神經質的影響,從而尋找更有效的解決方案。

在這個過程中,我們需要承認文化與神經質之間的關係是複雜而多層次的。文化不僅僅是壓抑的來源,它同時也是個體尋求意義和歸屬的背景。理解這種雙重性質,並在兩者的交會處

尋找答案，或許能夠為我們打開一扇新的大門，讓我們更容易理解人類心理的運作機制。

在探索文化與神經質之間的關係時，我們應該將注意力集中在神經質所共有的傾向上，而不是個體的差異。對社會學家而言，個體在神經質方面的變化並沒有內在的關聯性。因此，我們應該從複雜的個體差異中抽身，轉向研究那些能夠產生神經質的環境因素及其共同特性。

這些資料在社會學家的分析下，可以揭示出文化環境在神經質形成中的重要角色。這種文化環境不僅能夠引發神經質衝突，還能促進其發展。特別是那些代表神經質根源的因素、構成神經質的要素，以及個體在面對神經質衝突時所採取的應對策略，都需要被仔細考量。神經質患者常常感受到他人的疏遠與敵意，以及自我信心的喪失，這些都是神經質形成的深層根因。

這些態度本身雖然不直接構成神經質，但卻是滋生神經質的肥沃土壤。當這些態度混合在一起時，個體便會感到自己正孤獨地面對一個充滿潛在威脅的世界。在這種基本焦慮或不安全感的驅使下，個體不得不極力尋求安全感與滿足感。這種本質上矛盾的追求正是神經質的核心所在。

環境因素是與神經質密切相關的第一組因素，我們需要在文化中尋找它們的影響。這些因素讓個體感到孤獨無依，與他人的關係總是緊張而敵對，並且心中常常充滿不安甚至恐懼，感到自身脆弱無能。

在了解這些因素之後，我們可以更容易理解神經質是如何在個體中發展和演變的。這也提醒我們，文化環境對於個體心理健康的影響不容小覷。透過對神經質的深入研究，我們不僅能夠更容易理解個體的心理困境，也能夠為改善文化環境提供寶貴的見解，從而促進更健康的社會互動。

競爭與孤獨：西方文明的現代困境

在這個章節中，我們將探討競爭與敵意在西方文明中的根源。我無意深入社會學的複雜領域，而是希望能夠略微展現合作的可行性，並揭示當前社會中一些常見的問題。西方文化中，個人競爭被視為一種基本特徵，它塑造了許多社會動態，並對人際關係產生了深刻影響。

個人競爭在西方被視作一種不可或缺的動力，然而，它也不斷催生著敵意。這種競爭不僅限於職業生涯，還滲透到生活的各方面：從社會關係到朋友之間，甚至在親密關係中，都可以看到競爭的影子。在這些關係中，競爭往往轉化為破壞性行為，如誹謗、懷疑、怨恨和嫉妒，這些都在無形中侵蝕著人際間的信任。

此外，當前社會中的不公平現象也加劇了這種潛在的敵意。不平等不僅展現在財富的分配上，也展現在受教育、醫療和娛

樂等機會的不均等上。這些不平等因素進一步加深了群體之間的敵對情緒，並且導致了不同群體或個人間的剝削現象。

經濟和社會方面的不安全感是另一個關鍵問題。人們常常因為潛在的緊張和敵對關係而感到恐懼，害怕別人的嫉妒、嘲笑或責難，甚至害怕因自己的行為而遭到報復。這種不安全感進一步加劇了個人的孤立感，使他們在社會中感到無依無靠。

隨著傳統和宗教影響力的減弱，個人感覺自己不再是某個強大集體的一部分，這進一步加劇了孤獨和不安全感。在這樣的背景下，個人往往感到孤獨無助，缺乏一個可以依靠的保護傘，導致他們在面對困難時感到更加無力。

因此，在當今社會中，重新審視競爭的角色，尋找新的合作方式，或許能幫助我們緩解這些問題。透過更深入的理解和反思，我們或許能夠找到一條通往更和諧、更公平的社會的道路。

在探討文化對個人自信心的影響時，我們不得不面對一個核心問題：為何文化會損害個人的自信？自信是一個人力量的象徵，它使人能夠在面對挑戰時保持穩定。然而，當一個人將某次失敗歸因於自身的缺陷時，他的自信心便會受到打擊。這種情況不僅限於事業、愛情或社會生活中的挫折，甚至在面對一些人力不可抗的災難（如地震）時，雖然我們會感受到自身的渺小與無力，但這並不會真正損害我們的自信。這種差別顯示出某些外部限制不像自然災害那樣明顯，導致人們在未能達成目標時，往往將責任歸咎於個人能力不足。

文化中普遍存在的觀念是「個人能力決定成敗」，這種觀念使得人們在面對失敗時，習慣性地自我責備，從而削弱了自信心。此外，文化還賦予我們一種進退維谷的處境：一方面，我們必須面對無可避免的競爭和敵意；另一方面，我們又被告知應該心地善良，信任他人。這種矛盾使我們陷入道德困境：懷疑他人被視為不道德，但現實中的敵意卻如弓弦般緊繃，不容忽視。這樣的矛盾自然成為削弱自信心的重要因素。

　　文化中神經質衝突的需求、努力和抑制，構成了我們應予以認真考慮的另一組因素。在研究文化中的神經質時，我們發現，儘管症狀表現各異，基本問題卻驚人地相似。這種相似性並非來自於佛洛伊德所說的本能內驅力，而是源於實際衝突中的相似，如破壞性抱負與強迫性情感間的對立，對獨立生活的渴望與寄生生活的依賴之間的矛盾，以及強迫性謙遜與渴望成為英雄的衝突。

　　這些文化因素共同作用，削弱了個人的自信心，讓人們在面對生活的挑戰時，常常感到無所適從。理解這些影響，對於我們重新建立自信心，並在文化的框架中找到平衡，至關重要。

文化與神經質：社會影響下的內心衝突

　　社會學家的使命之一，是在觀察到個人衝突之後，深入挖掘這些衝突背後的文化根源。當我們思考神經質衝突與安全感、

滿足感之間的關聯時，必須考慮到文化如何影響這些心理需求的表達和滿足。舉例而言，在一個不鼓勵競爭、不獎勵個人成就的文化中，個人將野心和抱負發展為神經質行為的可能性極低。這種文化環境下，追求名望和財富作為獲取安全感的方式也變得不切實際。

同樣地，在不提倡依賴的文化中，個人不大可能將依賴他人視作舒緩焦慮的途徑。有些文化甚至將軟弱和痛苦視為恥辱或罪過，這在塞繆爾·巴特勒的《埃瑞洪》中有生動的描繪。在這樣的文化背景下，軟弱和痛苦不會被看作是解決神經質問題的方法。

文化對神經質的影響，尤其展現在神經質患者急於向他人和自己展示的形象上。他們一方面害怕受到責備，另一方面又渴望獲得榮譽。因此，他們的形象往往由文化中受到讚美的品格構成，如無私、大方、誠實、有愛心、自律、理性、果斷與平和等。如果文化中不提倡無私，神經質患者就不會感到需要維持一種毫無私慾的形象，也不會壓抑自己對幸福的自然渴望。

這一切表明，文化對於個人的神經質行為有著深遠的影響。當我們理解這些文化因素時，就能更容易理解個人在面對內心衝突時的行為模式。社會學家需要透過這樣的分析，揭示文化與個人心理之間的複雜互動，從而促進更全面的社會理解和個人發展。這不僅有助於個體的心理健康，也能幫助社會在設計政策時更具包容性與敏感性。

在探討神經質衝突的形成時，我們不僅需要考慮個體的心理因素，還必須深入分析其所處的文化環境。相較於佛洛伊德的觀點，文化環境對於神經質衝突的影響更為複雜。這要求我們從多個角度來審視特定文化如何形成人際間的敵對情感，以及這種情感的深度。文化中哪些因素導致個人感到不安全，這種不安全感的程度如何？哪些因素侵蝕了個人的自信心？哪些社會禁忌和戒條帶來了壓抑和恐懼，這種壓抑有多深？社會觀念又是如何促使人們粉飾自我，設定目標的？

這些問題不僅在神經質患者中普遍存在，在我們的文化中，精神健康的個體也時常面臨這些挑戰。健康的人同樣可能展現出矛盾的傾向，如自大與自卑、競爭與仁愛、團結與自戀、自私與無私奉獻等。不同的是，這些矛盾在神經質患者身上表現得更為激烈，兩種對立需求的衝突更為迫切，這是由於其內心極度焦慮，無法找到圓滿解決途徑的結果。

這引發了一個重要的問題：為何在相同的環境下，有些人會變得神經質，而另一些人卻能夠應對困境？這個問題常被提及，尤其是在同一個家庭中的兄弟姊妹之間。例如，為什麼有一個孩子會患上嚴重的神經質，而其他孩子卻只受到輕微影響？這樣的問題隱含了一個前提，即所有個體的精神狀況本質上並無多大差異。然而，這種假設可能誤導我們在尋找答案時，過於專注於兄弟姊妹間的體質差異。

雖然體質差異確實影響個人的整體發展，但這種結論建立

在錯誤的前提上。即使所有兄弟姊妹生活在同一氛圍中，這種精神氛圍對每個人的影響方式卻各不相同。深入研究會發現，同一家庭中，每個孩子的經歷都是獨特的。實際上，可能存在無數重要的差異，這些差異在各個方面展現出來，很多時候，除非仔細分析，否則難以揭示其本質及對未來的影響。受影響較輕的孩子可能具備應對困難的能力，而受影響較重的孩子則可能陷入衝突之中，最終變得神經質。

文化的重壓與精神的解放

在現代社會中，生活在相同環境下的人們，為什麼有些人會變得神經質，而另一些人卻沒有？這個問題的答案往往與個體在成長過程中所遭遇的挫折有關。特別是在童年期經歷過重大打擊的人，更容易在成年後表現出神經質的傾向。如果某個文化環境頻繁地導致神經質和精神類疾病的發生，那麼毫無疑問，這樣的社會結構已經對人們的心理健康造成了巨大的壓力，超出了他們的應對能力。

精神病醫生在治療患者時，通常專注於解決患者表面上的症狀，如恐懼、迷茫和憂鬱，但這樣的做法往往忽略了文化背景對患者心理狀態的深層影響。若精神分析師能夠幫助患者理解他們的痛苦並非孤立無援，而是與社會文化密切相關，患者的某些困擾可能會自然減輕。當患者意識到自己並不是唯一面對競爭壓力的人，他們或許能夠獲得更多的勇氣來應對這些挑戰。

然而，精神健康的構成究竟是什麼？那些不重視文化因素的精神病專家，往往將其視為一個純粹的醫學問題，只關注症狀的消除和康復。然而，精神分析的真正目的是要從根本上重塑患者的人格，讓他們的生活煥然一新。這需要對患者的性格結構深入分析，然而現行的醫學標準常常容易被社會的「正常」標

準所左右。「正常」常常是從特定文化或人群中得出的統計平均數，並不一定真正反映健康的心理狀態。

一些分析者可能會拒絕承認他們在治療中使用了社會評價標準，聲稱自己不進行價值判斷，只解決患者提出的問題。然而，患者往往不會主動提出某些問題，因為這些問題在社會的影響下被視為「正常」。因此，分析者需要更加警覺，意識到文化背景對患者心理健康的深遠影響，從而更全面地理解和治療患者的心理問題。只有這樣，才能在治療中真正實現精神的解放與重生。

在生活中，我們常常看到一些看似「正常」的情況，卻未曾意識到其中可能潛藏的深層問題。比如，有位婦女全心全意支持她丈夫的事業發展，她能力出眾，為丈夫的成功付出了許多努力。然而，她自己的事業卻始終停滯不前。這種情況在外人眼中顯得很平常，甚至理所當然，因此很少有人會質疑她的態度是否存在問題。婦女本人也未必意識到自己內心深處的掙扎，這種狀況在某些情形下可能並無不妥，或許丈夫的確比妻子更具天賦，她也可能因為對丈夫的深愛，甘願將自己的才華奉獻給他的事業。然而，並非所有女性都能在這種角色中找到滿足。

我曾遇到一位妻子，她的才華遠超過她的丈夫，然而，他們的關係卻極其糟糕。這位女性面臨的最大問題在於，她無法為自己的人生做出決定。對於許多「正常」女性來說，這似乎並不罕見，因此常常被忽略。更有甚者，一些患者甚至無法對

人、事、制度或理論形成自己的看法。這種缺乏獨立思考能力的情況，在思想自由的社會中被視為「正常」，因而常被分析者忽視。

然而，這種現象背後可能隱藏著深層的恐懼。患者可能因害怕批評引來敵意或被孤立，而不敢發表自己的獨立見解。在這種情況下，缺乏判斷力的問題就顯得尤為重要，值得深入分析。如果忽視了這個問題，就無法真正解決患者面臨的最嚴重困難。

我們需要意識到，表面的寬容和順從，可能只是掩蓋內心恐懼的面具。只有勇敢地面對這些潛藏的恐懼，才能真正擺脫困境，實現自我成長。這不僅僅是對個體的啟示，也是對整個社會的提醒：在看似和諧的表象下，我們應該更加敏銳地察覺那些被忽視的問題，以便為每個人創造一個更自由、更能實現自我的環境。

自我與文化的交錯

　　在精神分析的領域中，文化意識的缺乏常常被視為一種顯而易見的不足，然而它的影響卻可能深遠且複雜。分析者常常面臨的困境之一，就是如何在治療過程中正確解讀患者行為背後的文化背景。這種解讀的困難，常常導致分析者在面對患者新出現的衝動時，認為值得深入探討，但對於患者所固守的舊有行為模式卻可能忽視。這樣的選擇性分析，往往是因為分析者沒有充分意識到當前文化價值觀對患者行為的影響。

　　在精神分析的過程中，患者通常會對精神分析理論提出質疑，這些質疑往往被分析者視為治療中的正常現象。但當患者聲稱完全接受這些理論時，分析者卻未必能夠洞察其背後可能隱含的矛盾與不安。這種情況下，分析者對文化評價作用的忽視，再加上一些理論上的偏見，可能導致患者提供的材料被片面地選擇和解讀。

　　精神分析治療與教育的目標，無意間可能偏向於迎合所謂的「常識」，而非真正的心理健康。只有在涉及性慾問題時，分析者才會意識到必須超越現有的社會慣例，因為良好的性生活模式被視為心理健康的重要因素。這種狀況讓人聯想到特洛特的觀點：精神正常與精神健康是兩個不同的概念，後者意味著

思想的自由和能力的全面發揮。

關於「自我」與「本我」的探討，則顯得更加複雜。在佛洛伊德的理論中，「自我」與本能之間的神經質衝突被認為是精神分析的核心問題之一。這種衝突似乎表明「自我」與本能是兩種相互對立的力量，但這種理解也引發了對「自我」本質的疑問。究竟「自我」是由什麼構成的？在文化與個體心理的交錯中，「自我」是否能夠被簡單地視為一個獨立的存在？

這些問題提醒我們，精神分析不僅僅是一種治療技術，它更是一種對人類心理深層結構的探索。在這個過程中，文化背景、個體經驗與理論框架的交織，使得對「自我」與「本我」的理解成為一個永恆的挑戰。透過不斷的反思與研究，或許我們能夠更接近於揭示人類心理的真實面貌。

在心理學的領域裡，「自我」是個讓人著迷且複雜的概念。起初，「自我」不僅僅是與性慾相關的性衝動，而是涵蓋了所有與自我保護相關的需求。然而，隨著自戀概念的引入，許多原本屬於「自我」的現象，如自我愛護、追求名望與尊嚴等，逐漸被視為性慾的衍生物。

當「超我」的概念加入之後，事情變得更加複雜。原本用以規範行為與情感的道德標準，也被視為本能的變體。佛洛伊德將「自我」與本能看作一對相互對立的事物，但事實上，「自我」本身也是本能的一部分。佛洛伊德的理論中，「自我」被描述為「本我」的一個有機組成部分，所有原始的本能需求集合起來就

是「本我」。

「自我」的脆弱性在於它只能藉助「本我」的能量生存。它的目標和策略必須在「本我」和「超我」之間取得平衡，並同時應對外部世界的壓力。正如佛洛伊德所形容的，「自我」如同一位夾在「本我」、「超我」和外部世界三者之間的仲裁者，既要滿足本能的需求，又要顧及道德的禁令。

佛洛伊德的理論常常以敏銳的觀察開展，卻因為被納入一個尚未完全成熟的理論體系，而使得其實用價值受到限制。從臨床的角度來看，人們認可「自我」這個概念，特別是在理解慢性神經質患者的行為時。這些患者常常失去了對自己生活的控制，被無法解釋的情感所支配。他們的行動與智商不符，顯得生硬而無奈，缺乏主觀意願，反而被無意識的強制性因素驅動。

佛洛伊德用一個生動的比喻來描述神經質患者的「自我」：如同一位騎士試圖控制馬匹，卻被馬帶到了牠想去的地方。這形象地說明了「自我」在本能與外部壓力之間的微妙平衡，以及它在面對內外挑戰時的脆弱性。這種脆弱性使得「自我」如履薄冰，既要避免與本能衝突，也要避免與外部世界產生矛盾，這正是佛洛伊德理論中的一個核心觀點。

真實性與文化影響的微妙關係

在心理學的領域中,我們常常試圖解釋人的行為背後的動機,尤其是在探討神經質和其他心理狀態時。儘管我們可以觀察到某些行為模式,例如將同情視作變形的虐待狂傾向,或是將羨慕視作對分析者的過高期望,這些觀察卻不足以完全證明「自我」僅僅是本能的修飾部分。

在分析一個神經質者的行為時,假設他的同情只是外化的自我同情或變形的虐待狂行為,我們不能忽視其中可能存在的真誠成分。同樣地,當一位患者對分析者表現出羨慕時,這可能源於潛意識中對分析者能力與人格的欣賞,而不僅僅是出於競爭排除的策略。

考慮到這一點,我們可以思考一個更具體的例子:假設個人 A 有機會透過誹謗來傷害個人 B,但他選擇不這麼做。這種選擇可能是出於多種未被意識到的原因,例如懼怕 B 的報復、維持正直形象的壓力,或是希望獲得他人的讚譽。這些原因的存在使得我們無法簡單地將 A 的行為歸因於某一單一動機。

然而,這些心理分析並非我們關注的唯一重點。我們需要進一步探討文化因素在塑造道德品格方面的影響。文化背景和社會環境如何影響個人的道德觀,這是一個值得深思的問題。

雖然佛洛伊德強調本能的力量，而相對論者則強調環境條件的重要性，我們不應忽視「真實性」的可能性。

真實性，即個人在行為和動機中展現的真誠和誠實，可能在文化影響的框架下依然存在。在這個多變的社會中，無論是本能還是條件都不能完全抹殺人的真實性。這種真實性可能在潛意識中以某種形式存在，並在某些情境下浮現出來，對個人的行為和選擇產生深遠的影響。透過理解文化與道德品格的微妙互動，我們或許能夠更全面地解讀人類行為的複雜性。

精神生活健康的人，常常能夠在面對內心動機時保持清醒。雖然他們偶爾會在某些情況下自我欺騙，但這並非他們生活的常態。相較於神經質者，這些人的無意識內驅力無論在頻度還是力度上都較為輕微，因此焦慮的折磨對他們來說也較為有限。佛洛伊德在其理論中，對此類人群的分析顯得有些力不從心，因為他的理論基礎是建立在某種「本能」單位的情感或判斷上，而這種無法進一步分解的本能，在這些人身上似乎並不存在。

佛洛伊德的理論傾向於將人對他人或目標的判斷視為「更深層」情感動機的表現，甚至認為任何對某一理論的批評都是情感上的反抗。在這種觀點下，一切喜好、厭惡、同情、豪爽、公正感及事業心等，終究都是由「性衝動」或破壞慾內驅力所驅動的結果。否認智力的獨立存在，無疑是對人類判斷力的挑戰，這種觀點可能導致分析者對任何事物都持懷疑態度，認為所有被分析者的判斷僅僅是其潛意識中喜歡或厭惡的反映。

這樣的思維模式進一步助長了分析者自以為全知的錯覺，認為要真正了解一個人的本性，就必須揭露每一個判斷或情感背後那不可告人的動機。這種觀點不僅可能使分析者陷入自負的泥沼，也容易使他們忽視人類行為的多樣性和複雜性。事實上，人類的判斷和情感不僅僅是潛意識驅動的結果，還受到多方面因素的影響，包括文化、教育、經驗以及理性思考。

因此，對於精神生活健康的人而言，他們的判斷和情感更可能是一種綜合的表現，而非單純的潛意識驅動。在這個複雜的心理迷宮中，我們應該承認智力與情感的協調作用，並尊重每個人獨特的心理結構，而不是僅僅將其歸結為某種基本驅力的表現。這樣一來，我們才能更全面地理解人類心理的豐富性與多樣性。

情感的陰影：自省與意識之間的微妙平衡

情感的表達和內在的深度，常常因過度的分析與自覺而失去了原本的自然和純真。當我們不斷地試圖用理性去解釋情感時，反而可能使其蒙上一層陰霾，讓情感顯得生硬而不真實。這種情況在心理分析中並不少見，被分析者的確可能在某種程度上得到改善，但隨之而來的卻是刻意的表現和做作的痕跡。這就引發了一個頗具爭議的觀點：過度的自覺會阻礙人們自省。

然而，自省與自覺之間的關係並非如此簡單。自省的動機源於對自身行為和內心動機的審視，而這種審視並不一定會因為過度的意識而被阻礙。事實上，人們之所以自省，是因為他們將動機與某種潛在的陰暗面連繫起來，並相信這種陰暗面無處不在。佛洛伊德曾指出動機的本質，認為它們並不屬於道德評估的範疇，而是如同自然界的本能驅動一般，具有其科學意義。

在推崇一項新發現時，過度的熱情有時會使其失去原本的價值。佛洛伊德揭示了無意識中自我中心和反社會傾向的深遠影響，他提醒我們，在審視個人動機時應抱持懷疑的態度。然而，若因此斷言個人的判斷與其道德觀不一致，或是認為一個人不可能因為認同某項事業的價值而全心投入，這樣的推斷未免過於武斷。

情感的表達和內心的自省，應該在自覺和無意識之間找到一個微妙的平衡。過度的分析會讓情感變得僵化，而缺乏自省則可能讓人迷失在本能的驅動之中。理解這一點，或許能讓我們在面對情感和內心世界時，能夠既保持真誠，又不失理性。這樣的平衡，才是情感的真實價值所在，也是我們應該追求的目標。

精神分析的歷史長河中，「本我」被賦予極大的關注與研究，然而「自我」的探索卻遲遲未能深入。這個現象主要歸因於佛洛伊德的本能理論，其對「自我」的定義與範疇施加了過度限制，使得「自我」的生命力與空間被壓縮在狹隘的框架中。佛洛伊德

對「本我」的詳細研究，從某種意義上來說，為精神分析奠定了基礎，但也無形中阻礙了對「自我」更全面的理解。

要更深入地了解「自我」，我們必須超越佛洛伊德的本能理論，這樣才能真正意識到「自我」的多樣性與複雜性。事實上，「自我」並非如佛洛伊德所描述的那樣，是人類本性中固有的一部分。它既不是在精神官能症中自然而然出現的，也不是一種靜態的存在，而是變化不定的神經質現象。可以說，「自我」是一個動態的過程，是一種自我異化的結果。

這種自我異化，我稱之為「影響個人發展其自發性自我的障礙」。它是神經質形成的關鍵因素，不僅是神經質滋生的土壤，還如同一把無形的手，緊緊抓住患者不讓其擺脫病症的束縛。這種異化使得患者被迫朝向與其神經質傾向相悖的目標行進，從而迷失自我。

更為嚴重的是，這種自我異化削弱了個人評價自我與他人的能力，導致患者對他人的依賴性增強。這種依賴並非源於情感上的需求，而是因為患者喪失了內在的引力中心，不得不尋求外部世界的支持來維持自我存在。這是一種基於喪失自我中心的依賴，讓患者在神經質的迷霧中愈加迷失。

因此，我們必須重新審視「自我」在精神分析中的地位與角色。只有突破既有的理論限制，才能更清晰地理解神經質患者的心理動態，並為他們提供更有效的治療方案。這是精神分析學科急待解決的課題，也是我們探索人類心理深層奧祕的關鍵一步。

重構心靈：超越佛洛伊德的自我框架

在我們探索精神分析療法的新領域時，必須勇敢地拋棄佛洛伊德的「自我」概念。佛洛伊德的「自我」被設計為在「本我」的強烈本能驅動下，既要監視又要服從。這樣的「自我」無法成為有效的療癒對象。我們應該期待的是讓「強烈的情緒」在「理性」的引導下得到約束。如果「自我」因脆弱而成為神經質的核心，那麼新的治療目標就是要改變這個現狀。治療師的最終目標，是幫助患者恢復自發性和判斷力，或如詹姆斯所言，恢復其「精神自我」。

佛洛伊德的「自我」──「本我」──「超我」三重人格結構，為理解神經質衝突與焦慮性精神官能症提供了框架。他將衝突劃分為三類：首先，是個體與環境的衝突，這種衝突不僅限於神經質，卻是其他兩種衝突的根源。其次，是「自我」與「本我」的衝突，在這種情況下，「自我」可能會被不可抗拒的本能力量侵吞。最後，是「自我」與「超我」的衝突，這時「超我」成為一種威脅。

這些衝突的理論將在後文中詳細探討，但暫且讓我們拋開這些專業術語，簡單地理解佛洛伊德的神經質衝突概念：個人與環境的衝突不可避免，因為本能有其遺傳的根基。當個人與外界環境的衝突內化時，便在內心激起「熾烈情感」與「理智或道德準則」的對立。

在這個新療法中,我們不再將「自我」視為僅僅是監視者或服從者,而是視其為能夠主動調節情緒與理智的動力。治療的核心在於讓患者重新掌握自己的內在力量,打破過去由「自我」的脆弱性所造成的限制。我們追求的是一種更具彈性與自主性的心靈結構,讓每個人都能在面對內外衝突時,找到屬於自己的平衡與和諧。這樣,精神分析不再是對過去創傷的回溯,而是對未來可能性的開啟。

在探索神經質衝突的過程中,我們不禁發現其內涵似乎融合了科學的理性與基督教義的道德對立,善與惡、道德與非道德、獸性與人性之間的對抗構成了其基礎。然而,這種對立是否僅僅存在於神經質的範疇中呢?我經過深入研究後得出一個不同於佛洛伊德的觀點:人與環境之間的衝突並非必然,也不是本能所驅使,而是環境激發了內心深處的恐懼與敵意。

這種由環境引發的神經質傾向,表面上似乎提供了對抗外界壓力的手段,但從另一個角度來看,卻加劇了個人與環境的矛盾。神經質不僅是衝突的結果,更是其組成部分之一。佛洛伊德試圖用圖示化的方法來解釋神經質衝突的起源,我認為這種方法過於簡化,無法涵蓋衝突的複雜性。實際上,衝突的來源各不相同,可能源於兩種不相容的神經質傾向之間的碰撞,比如專制慾望與惰性依賴的對立。而某些神經質傾向本身也可能暗藏衝突因素,如追求完美形象的需求中同時包含順從與反抗的矛盾。再如,不容許自己犯錯的形象需求,會與任何不符合

這個形象的行為產生衝突。

這些衝突在神經質患者的性格結構中扮演著重要角色，對其生活產生深遠影響。衝突的本質不僅影響個人的心理健康，還可能影響其處理焦慮性精神官能症的方式。在本書的討論中，我們將更深入地分析這些問題，探討衝突如何影響神經質患者的生活。

在接下來的章節中，我將深入探討不同的態度如何影響我們理解和處理焦慮性精神官能症的方法。希望讀者能在這些討論中找到啟發，並對神經質衝突有更全面的理解。

神經質衝突：人性與環境的博弈

在探討神經質衝突時，我們不難察覺到其中既有科學的嚴謹，又隱約浮現出基督教義的影子，似乎在強調善與惡、道德與非道德、獸性與人性之間的對立。然而，這樣的觀點是否過於狹隘？是否僅限於神經質衝突才具備如此特性？經過深入觀察，我提出一個不同於佛洛伊德的看法：人與環境的衝突並非不可避免，也不僅僅源自本能。相反，這種衝突常常由環境引發，激起人的恐懼與敵意。

這種恐懼與敵意引發的神經質傾向，或許在某些情況下可以被視作對抗環境的工具。然而，從另一個角度看，它卻加劇

了個人與環境的對立。因此，我認為，環境衝突不僅是神經質的根源，還是其障礙的核心組成部分。佛洛伊德試圖用圖示化的方式來描繪神經質衝突的起源，我認為這種方法過於簡化。事實上，衝突的來源多種多樣，並非單一。

舉例來說，兩種截然不同的神經質傾向可能互不相容，進而引發衝突。比如，專制慾望與惰性依賴之間的對立。此外，一些神經質傾向本身就蘊含著衝突因素，如完美形象的需求，它既包含了順從的傾向，也蘊藏著反抗的力量。再如，對於不容自己有錯的形象需求，這種需求會與所有不符合其期望的傾向發生衝突。

關於衝突的本質、衝突在神經質患者性格結構中的角色，以及衝突對生活的影響，我們在這本書中將深入探討，以求全面揭示神經質衝突的多面性和複雜性。在下一章中，我將進一步探討不同的態度如何影響我們對焦慮性精神官能症的理解，從而引導讀者在面對神經質衝突時，能夠有更深刻的認知和更有效的應對策略。

焦慮這個情緒現象，長久以來吸引著眾多心理學家和醫學家的研究目光。有人如同佛洛伊德般，將焦慮的根源歸結於生理機能的異常，視其為一個複雜而難解的挑戰，因為焦慮與生理過程之間存在著不可分割的連繫。確實，焦慮常伴隨著一系列明顯的生理症狀，例如心悸、出汗、腹瀉和呼吸急促等。這些症狀的出現，使得患者有時能夠清楚地意識到自身的焦慮，

而有時則未能立即察覺。例如，一位患者在面臨醫學檢查時，可能會出現腹瀉的症狀，並同時意識到焦慮的存在。另一些情況下，患者可能經歷心悸或尿急，但當下卻未能意識到焦慮的來襲，直到事後回顧才意識到當時確實存在焦慮情緒。

焦慮的身體表現是如此顯著，但這些反應並非焦慮所獨有。當我們情緒低落時，身體和精神的活動也會變得緩慢；當我們感到興奮時，肌肉緊張度增加，步伐變得輕快；當憤怒時，我們的身體可能不由自主地顫抖，血液也會湧向頭部。這些生理反應顯示出情緒對身體的影響，但又並非焦慮的專屬領域。

此外，有些觀點認為焦慮可能與化學物質的影響有關，例如某些藥品能引發焦慮。然而，這些化學誘發的反應並不等同於焦慮的獨特表現。藥物可能引起興奮或昏沉，但這樣的反應並不構成心理問題的本質。真正的心理問題，無論是焦慮、疲憊還是興奮，皆源於精神環境的影響。

因此，焦慮不僅僅是生理現象的反映，它更是心靈與身體交織的結果。一方面，它可能由生理因素誘發，另一方面，精神環境亦能塑造和加劇其存在。理解焦慮需要我們從生理和心理兩方面入手，探尋其根源，從而在治療和管理中採取更為全面的策略。這種多元度的視角，不僅有助於我們更容易理解焦慮，也能更有效地幫助那些被焦慮困擾的人們。

焦慮與恐懼：內心的博弈

　　焦慮，這種情緒反應，常在人們面對潛在危險時悄然出現。雖然它與恐懼有著密切的關聯，但兩者之間卻存在著明顯的差異。首先，焦慮常常伴隨著精神的渙散和疑神疑鬼。即使面對明確的危險，比如地震，人們在感到恐懼的同時，卻可能無法清楚地意識到自己究竟為何而恐懼。這種現象在焦慮性精神官能症中尤為明顯，無論面對的危險是否確定，這種焦慮依然存在，如懼高症。

　　其次，正如戈爾茨坦所指出的，引起焦慮的危險往往威脅到個人本質或核心的部分。每個人對威脅的感知各不相同，因為每個人的價值觀和生活環境都是獨特的。對於大多數人來說，生命、自由和家庭等是普遍重要的價值，但身體、財產、聲譽、信念、工作和愛情等，則更多地取決於個人的生活背景和人格結構。理解這一點，有助於我們深入認識焦慮性精神官能症。

　　第三點，佛洛伊德曾強調，面對危險時感到孤獨無助，是焦慮與恐懼之間的一個重要區別。這種孤獨無助感可能源自外部因素，如地震，也可能來自內部因素，如個人的軟弱、膽怯或習慣於被動。同樣的情境可以引發恐懼，也可以引發焦慮，最終的反應取決於個人應對危險的意志與能力。

　　一個真實的故事可以幫助我們更容易理解這一點。某天夜裡，一位患者聽到鄰屋傳來可疑聲響，懷疑有竊賊入侵。她感

到渾身冒冷汗，心跳加速，焦急不安，於是逃到了大女兒的房間。女兒也感到恐懼，但她選擇去察看竊賊作案的房間，結果反而嚇跑了竊賊。同樣的危險情境中，母親感到軟弱無助，這是一種焦慮的表現，而女兒則表現出恐懼但並未感到無助。

這個故事生動地展示了焦慮與恐懼之間的微妙差異，也提醒我們，面對危險時的反應，不僅僅是情境本身的影響，更是個人內心深處的博弈。理解這些情緒的根源，或許能夠幫助我們更好地應對生活中的各種挑戰。

要理解焦慮的成因，我們需要深入探討三個核心問題：首先，危險的根源是什麼？其次，這種危險威脅了什麼？最後，為什麼我們會感到孤獨無助？在焦慮性精神官能症中，最讓人困惑的是，焦慮的來源往往不明顯，或者即使存在，也與焦慮的強度不成比例。許多人認為，神經質患者所恐懼的危險只是他們的幻想。然而，這種焦慮的強度，絲毫不亞於面對真實危險時的反應。

佛洛伊德的研究為這個複雜問題帶來了新的視角。他提出，焦慮性精神官能症中的危險，雖然看似源於主觀，但其真實性不容忽視。佛洛伊德認為，這種危險來自於內在的本能衝突，具體來說，是「本我」的張力或「超我」的懲罰力。這些力量威脅著「自我」，而孤獨無助的感覺則源於「自我」的脆弱，以及對「本我」和「超我」的依賴。

佛洛伊德將焦慮性精神官能症視為「自我」對「本我」本能

要求的恐懼。這種恐懼在本質上是一種內驅力被壓抑所產生的緊張狀態。例如，當孩子被母親獨自留下時，他可能會感到焦慮，這是因為他的潛意識中，期望的「性衝動」內驅力受到阻礙，從而感到受挫。

這個觀點與佛洛伊德的本能滿足學說密切相關：當本能張力減弱時，個體感到滿足；而當本能張力增強時，則會引發焦慮。這種機械論式的觀點幫助我們理解焦慮的內在動力，並揭示了焦慮性精神官能症的深層根源。

總結而言，焦慮的根源並非僅僅來自外部威脅，而是深植於我們的心理結構中。佛洛伊德的理論提醒我們，焦慮不僅僅是對外部世界的反應，更是內心深處本能衝突的表現。理解這一點，有助於我們更好地應對和處理自身的焦慮問題。

解構焦慮的根源

　　佛洛伊德的理論中,他試圖透過觀察,尋找支持機械論觀念的證據。他認為,當患者能夠表達對分析者的敵意時,焦慮也隨之消減。這是因為佛洛伊德相信,焦慮的根源在於壓抑的敵意,只要敵意被釋放,焦慮就會消失。然而,這個觀點忽略了更深層次的心理動因。

　　患者擺脫焦慮的原因,可能在於分析者沒有對他的敵意作出否定或懲罰的反應。佛洛伊德或許未曾注意到,他的解釋削弱了機械論觀念的證據支持,這反映了理論偏見可能對心理學發展造成的阻礙。雖然害怕他人責備或報復的確可以引發焦慮,但這只是問題的冰山一角。神經質患者究竟為何如此懼怕後果?

　　假設焦慮是因為心目中重要價值受到威脅而產生的自主反應,我們可以進一步探討患者的內心感受。對於不同的患者,這種威脅感受可能各異。以受虐狂傾向明顯的患者為例,他可能將對分析者的依賴視為生命中不可或缺的一部分,類似於他對母親、校長或妻子的依賴。他認為分析者擁有對他願望的主宰權,這種依賴感決定了他的性格結構及安全感的來源。

　　因此,維持與分析者的關係對他至關重要。從他的幻想來

看，表達敵意可能意味著被拋棄的風險，這種恐懼驅動著他的焦慮。當敵意衝動浮現，焦慮便如影隨形。這種心理動態揭示了焦慮的複雜性，並挑戰了佛洛伊德單一的機械論解釋。每一位患者背後都有其獨特的心理結構，焦慮的根源不僅僅是壓抑的敵意，還包括個人價值觀與依賴關係的深層次影響。

在心理學的探討中，焦慮常常被視為一種源自安全感受威脅的情緒反應。對於那些追求完美的人而言，他們的安全感往往建立在符合某些特定準則之上，或者是達到他人對自己的期望。這些準則可能包括理智、冷淡、儒雅等特質。一旦出現任何與這些特質相悖的情緒，譬如敵意，就可能引起他們強烈的焦慮。這是因為這種敵意在他們心中被視為一種會招致譴責的危險，這種威脅的力量對他們而言如同遺棄對受虐狂傾向者的影響。

同樣的觀察適用於其他類型的焦慮性精神官能症。自戀型個體的安全感依賴於被欣賞和羨慕，因此，社會地位的喪失對他們來說是一個致命的威脅。當他們處於一個令自己失去存在感的環境中，焦慮便悄然而至，這在一些流亡者的例子中尤為明顯。

如果一個人的安全感繫於與他人的融合，那麼孤獨將成為焦慮的催化劑。相反，若一個人將安全感寄託於默默無聞，當他引起他人注意時，焦慮便可能出現。這些觀察揭示了神經質傾向與焦慮之間的密切關聯。每一個神經質患者的焦慮來源於

對其安全感的威脅。了解一個人主要依賴什麼獲得安全感，有助於預測哪些因素可能引發他的焦慮。

焦慮的根源可能存在於外部環境中。例如，對於一個流亡者而言，失去威望會使他急需安全感。同樣地，若一個過度依賴丈夫的女性面臨失去丈夫的可能性，無論是由於丈夫出國、出軌，還是因疾病，她都將感受到強烈的焦慮。從這些例子中不難看出，焦慮往往是安全感遭受威脅的直接結果。意識到這一點，我們便能更容易理解焦慮性精神官能症的本質，並有助於釐清危險的源頭。這種理解不僅對於心理學研究具有重要意義，也為每個尋求內心平靜的人提供了有價值的洞見。

內心的敵意：神經質焦慮的隱祕根源

在探討焦慮性精神官能症時，我們必須面對一種複雜的情況：危險的源頭可能就在神經質患者自身。這使得理解這類焦慮變得更加棘手。任何可能威脅到他們安全感的因素，無論是正常的情感反應，還是壓抑、矛盾的神經質傾向，都可能成為焦慮的觸發點。

對於神經質患者來說，微不足道的錯誤或正常的情感衝動，皆可能引發強烈的焦慮。舉例而言，一個將安全感寄託於絕對無誤的人，可能會因為忘記某人的名字或旅行計劃不夠周密

而感到焦慮不安。同樣地，一個將安全感建立在無私形象上的人，可能會因為偶爾的私心而感到焦慮，即便這種私心完全合法且合理。而那些從孤獨中尋求安全感的人，則可能因愛情或深厚的情感關係而感到不安。

在這些被視為威脅的內部因素中，敵意的流露尤其顯著。這有兩個主要原因。首先，無論神經質的特質如何，它們都會削弱個人的心理防禦，導致敵對反應的頻繁出現。神經質患者比健康人更容易因拒絕、譏諷或責備而感到受傷，並因此表現出憤怒、妒忌或防禦性攻擊等反應。其次，來自他人的威脅往往多樣且深刻，以至於他們不敢輕易反抗，除非他們確信表達敵意能帶來某種程度的安全感。然而，這種情況相對罕見。

儘管敵意常被視為危險因素，我們不應急於下結論，認為正是敵意本身引發了焦慮。相反，我們應該不斷反思：敵意究竟帶來了什麼樣的危險？這種危險是否真的存在，還是僅僅是神經質患者心中放大的幻影？

深入了解這些內心的敵意及其對神經質患者的影響，能讓我們更容易理解並幫助他們。在這過程中，我們不僅要辨識出敵意背後的真實威脅，還要協助患者找到更健康的方式來應對內心的矛盾與不安。只有這樣，我們才能真正減輕他們的焦慮，並促進他們的心理健康。

焦慮的產生並非單純由壓抑引起，而是當壓抑威脅到某種重要的價值時，焦慮才會浮現。就像一位船長在面臨船隻即將

撞上的危急時刻，卻發現自己的指令無法被執行，他便會陷入深深的恐慌之中。這種恐慌與焦慮性精神官能症的特徵十分相似。當安全策略被抑制時，這種抑制本身不會引發焦慮，然而在緊迫的情境下，若無法克服這種抑制，焦慮便有可能爆發。

神經質傾向的自相矛盾常常成為自我威脅的根源。一方面，有著強烈的獨立衝動，另一方面，卻又將安全感寄託於對他人的依賴。當獨立的需求威脅到依賴的安全感時，焦慮便油然而生。反過來，若安全感依賴於獨立，而內心卻存在受虐狂式的依賴衝動，焦慮同樣可能出現。因為任何神經質都包含多種相互矛盾的傾向，因此一種傾向威脅到另一種的機會相當高。然而，並不能因此斷言，只要存在矛盾的傾向，焦慮就一定會產生。

有許多可能性可以與矛盾傾向抗衡。例如，某種傾向可能因為受到壓制而幾乎無法顯現，因此無法干擾其他傾向；或者該傾向可能被幻想所替代；還有可能找到一種雙面討好的解決方案，如消極抵抗，這是一種介於反抗與順從之間的妥協策略。此外，一種傾向可能會完全壓倒另一種，例如，對逃避他人關注的強迫性需求，可能會完全壓制隨之而來的強迫性抱負。

這些多樣化的解決方案能夠創造出一種微妙的平衡，只有當這種平衡被打破，並且安全策略受到嚴重威脅時，焦慮才會真正產生。因此，理解這些內在衝突和平衡的動態，對於掌握焦慮的源頭和應對方法至關重要。焦慮並不是一個孤立的情感，而

是多層次、複雜的人類心理結構中一個重要的組成部分。透過認識和調節這些內在的矛盾，我們才能更有效地應對焦慮，並在心理健康的道路上取得進步。

焦慮的根源：安全感的脆弱

在探討焦慮性精神官能症時，我們不妨將其與佛洛伊德的焦慮概念作對比，以更清晰地理解這個現象。佛洛伊德認為，焦慮源於「本我」和「超我」之間的衝突，這種危機感是由內驅力或衝動所引發。然而，我的觀點則稍有不同。我主張，焦慮的根源在於不確定性，它可能由外部或內部因素構成，而這些因素共同威脅到個人的安全感。

在我的觀點中，內部因素如抑制效應並不一定是佛洛伊德所說的內驅力，而是與安全感息息相關。焦慮源於神經質傾向，但這並非其根源。神經質傾向是被寄託了安全感的存在，一旦受到威脅，焦慮便隨之而來。因此，焦慮的核心在於安全感的脆弱，而非佛洛伊德所強調的「自我」受到威脅。

這種觀點的分歧可以追溯到「性衝動」理論和「超我」概念。佛洛伊德認為，本能的內驅力或其衍生物是焦慮的源頭，但我認為這些都是安全需求所引發的傾向。這些傾向受限於潛在的「基本焦慮」。因此，在我對神經質的解釋中，焦慮被劃分

為兩大類：基本焦慮和顯著焦慮。

基本焦慮是對潛在危險的反應，而顯著焦慮則是對明確危險的反應。需要注意的是，這裡的「明確」並非指完全意識到的危險。無論是基本焦慮還是顯著焦慮，都可能因各種原因而受到壓抑，並透過夢境、身體症狀或魯莽衝動等途徑表現出來，這些表現不一定需要被意識到。

總之，焦慮的本質在於對個人安全感的威脅。這種威脅可能來自內部或外部，並透過不同的方式表現出來。理解這一點有助於我們更好地處理和應對焦慮，從而維持心理健康。

我們不妨想像這樣一個情境：一位旅人在一個充滿危機的國度中孤身旅行，周圍環伺著虎視眈眈的原住民、凶猛的野獸，食物也即將耗盡。然而，他手中握有一把槍，足以自保，並不為食物憂慮，於是即便身處險境，他仍然不至於感到顯著的焦慮，因為他相信自己擁有抵禦危險的能力。相反，若他的槍與食物被偷走，那麼即使四周環境未變，他的安全感便會蕩然無存，焦慮感油然而生，因為此時生命的威脅變得更加真實。

這種焦慮，其實是一種深層的神經質現象，與個人內心的衝突息息相關：即對父母的依賴與抗拒。由於依賴，他壓抑了對父母的敵意，而這種壓抑反過來削弱了他對外界威脅的警覺，使他在應當戒備的情況下，表現得溫馴如羊，失去了防備之心。如此一來，當真正的危險來臨時，他便顯得孤立無援。這種孤立無援的感覺，正是焦慮的另一個層面。

佛洛伊德認為，這種孤獨無助感源自「自我」的脆弱，以及對「本我」和「超我」的依賴性。然而，我們不妨更深入地探討，這種孤獨感其實隱藏在基本焦慮之中，尤其是在神經質患者面臨險境時更加明顯。一方面，他依賴於熟悉的安全策略來保護自己，另一方面卻沒有有效的防護能力，如同行走在鋼絲繩上一樣，稍有不慎便會失去平衡。

此外，神經質患者的焦慮還源自於內心驅力的強迫性。這種驅力使他們在面對刺激時無法抑制敵意的反應，甚至無法減少這種反應，即便這種敵意可能危及自身安全。同樣的，儘管惰性可能損害了他的雄心壯志，他卻無力克服，因為這些驅力對他來說都是強制性的。

因此，神經質患者常感到陷入進退維谷的困境，兩種相互矛盾的驅力令他孤獨無助。這種孤獨感並非無中生有，而是源自於內心的深層矛盾。焦慮的顯著部分正是來自於這種矛盾的不可調和，使他感到孤立無援。

焦慮的雙重面紗

　　在探索焦慮這個複雜現象的過程中，我們不僅需要重新審視其內在的驅動力，還必須調整我們的治療策略。傳統的精神分析方法，深受佛洛伊德理論的影響，往往將焦慮視為被壓抑的內驅力的表現。分析者習慣於在患者的焦慮中尋找潛藏的敵意或未被意識到的性慾要求。然而，這種方法有時會忽略實際情境中更直接的因素，導致治療進入死胡同。

　　當分析者被理論的框架束縛時，他可能會錯過那些在具體情境中更加顯而易見的原因。這不僅可能妨礙治療的進展，還可能讓患者感到更加困惑和無助。分析者可能會將焦慮歸因於幼兒期未解決的衝突，這些衝突被認為是壓抑的根源。然而，這種過於簡化的解釋有時並不能有效地解決患者當下的焦慮。

　　我主張在面對患者的焦慮時，應該更注重當下的情境和患者的具體經歷。通常，焦慮的根源在於患者身處某種兩難境地而未能意識到。這種兩難境地可能來自於對於某種情感或選擇的矛盾感受。當患者能夠辨識並理解這種內在的矛盾時，焦慮的本質就能被更清楚地揭示。這不僅有助於患者減輕焦慮，還能促使他們更深入地探索自己內心的衝突。

　　例如，當患者對分析者表現出敵意時，分析者應該幫助患者

意識到這種敵意的真正來源，而不僅僅是將其歸因於壓抑的幼兒期經驗。敵意的表達或許能帶來短暫的情緒釋放，但焦慮的根本問題仍然沒有得到解決。如果能夠深入了解敵意背後的恐懼或擔憂，患者就有機會揭開焦慮的雙重面紗，進而促使神經質傾向的真正原因浮出水面。

在這樣的治療過程中，分析者的角色不再僅僅是解釋者，而是引導者。他們幫助患者在自我探索的過程中發現並面對那些隱藏的矛盾，從而實現更加全面和持久的療癒。

透過多年臨床經驗，我深信快速而精準的方法不僅能讓患者更快地從焦慮症中康復，還能深入了解他們的性格結構。佛洛伊德的理論中，釋夢是理解患者無意識過程的關鍵，我認為這同樣適用於分析顯著的焦慮情境。準確分析焦慮的根源，有助於揭示患者內心的衝突。

佛洛伊德提出的「超我」概念，建立在觀察某些神經質患者的行為模式之上。這些患者往往對自己設立過高而狹隘的道德標準。他們的生活動力並非源自於追求幸福，而是來自於一種強烈的衝動，要求自己必須正確和完美。他們被無數的「應該」和「必須」所驅使，譬如工作必須做到完美，必須擁有才華，必須做最好的配偶或父母。

這些患者的道德目標具有強迫性，缺乏彈性和通融。他們認為無論多大的焦慮都應該在他們的掌控之中，自己不該犯錯或受傷害。當現實與他們的道德標準不符時，焦慮和羞愧便隨

之而來。這些患者常常因無法達到自我設立的高標準而自責，甚至因為過去未能達到這些標準而責備自己。

在不利的環境中成長，他們卻認為自己不應受其影響，應該以堅強的心態忍受一切虐待。恐懼、順從、憎恨等情感在他們看來不應該存在於自己的生活中。他們承擔了本不該承擔的責任，這種負擔很可能引發深刻的負疚感，甚至追溯到童年時期。

這些患者的內心被「超我」的道德枷鎖所束縛，任何偏離他們所設立的完美標準都會引發內心的掙扎和痛苦。理解這一點，對於治療焦慮症至關重要。透過鬆綁這些內在的枷鎖，患者才能真正走向康復，擺脫不必要的自我譴責，進而擁抱更健康、更自由的生活狀態。

完美主義的隱形枷鎖

在我們日常生活中，許多人都不自覺地遵循一套無形的準則，這些準則往往帶有強迫性質，讓人感到無法抗拒。這種現象在心理學中被稱為「自我陌生」，由佛洛伊德首次提出。它描述了一種情況，即個人感到自己必須遵循某些道德準則，無論他們是否認同或相信這些準則的合理性。

以一位患者的經歷為例，她對某位婦女的冷漠、自私、小氣感到不滿。然而，她卻感到自己有義務去喜歡這位婦女，並因此自責。當我詢問她為何要強迫自己喜歡一個她有充分理由不喜歡的人時，她終於意識到自己的思維模式是多麼不合理。這位患者一直以來都把喜歡每一個人當作一項必須遵循的守則，無論那個人是否值得她的喜愛。

這些強制性準則的另一個特點是，它們不容許偏離。當一個人試圖違背這些準則時，他會感到負疚、自卑或焦慮。這種內心的衝突讓許多人不敢質疑或挑戰這些準則，因為他們害怕承受心理上的負擔。

許多人會自稱是「完美主義者」，這種自我認知反映了他們對完美的不理性追求。他們相信自己應該能夠控制所有情緒，應對任何情況，甚至天真地認為自己在道德上是完美的。然而，

這種追求完美的偏執態度卻讓他們無法正視自己的缺陷和不足，反而更深地陷入自我陌生的迷思中。

最終，許多人並未真正意識到這些準則的存在及其強迫性質。他們或許感覺到某些準則在驅動自己的行為，但卻未能清楚意識到這些準則如何影響了他們的生活和心理狀態。這種無意識的追求完美，不僅是一種心理枷鎖，更是對個人自由的限制。

在面對這些強迫性準則時，我們需要學會質疑和挑戰，意識到自己有選擇的自由，而不是被無形的標準所束縛。只有這樣，我們才能真正地解放自己的內心，擺脫完美主義的隱形枷鎖。

內驅力是否能被意識到？這是一個充滿挑戰的問題，無論是在我們的書中還是在其他討論中都常常被提出。然而，卻少有人能給出確切的答案。也許，一個人能夠意識到自己擁有宏大的雄心壯志，但卻未必能察覺自己已成為這股雄心的傀儡，更無法察覺其潛在的破壞性。同樣地，即便一個人意識到自己的焦慮感，他可能仍未能意識到自己的生活模式已被焦慮深刻影響。簡單地說，意識到某種需求的存在並不意味著理解其對生活的深遠影響。

在探索個人是否意識到這些內驅力的過程中，真正重要的是分析者和患者需要共同意識到這些需求如何影響個人與他人、與自我的關係，以及這種影響的深度。同時，我們也需要

探討，究竟是什麼原因驅使個人感到必須維護那些嚴苛的準則。這種探索涉及兩條主要思路，從這些思路出發，意味著我們將面對更為艱辛的工作，因為這些問題正是與各種無意識因素搏鬥的戰場。

人們可能會質疑，既然患者很少意識到這些準則的存在，更不曾意識到它們的力量和作用，那麼分析者又是如何確定這些要求的真實性及其效果呢？這裡有三種不同的數據類型可以提供答案。首先，透過觀察，我們可以看到某些人可能會固守某種僵化的行為，即使這種行為並不是由環境所迫，也不符合利益的要求。例如，有些人可能願意為他人做任何事情，比如借錢、找工作或是跑腿，卻無法為自己做同樣的事情。

這些現象揭示了內驅力如何在無意識中操控著我們的行為和選擇。對於分析者來說，這是一個重要的線索，指出了個人內在需求的存在及其對生活的深遠影響。透過深入分析這些無意識的力量，我們可以更容易理解個人的行為模式，並進一步探討如何幫助他們解開這些深藏的心理束縛。

理解自我苛求的根源

　　在我們日常生活中，時常會感到焦慮、自我譴責或自我輕視，這些情緒往往源自我們偏離了某些內心的強迫性準則。例如，初次進行實驗的醫科學生可能會因無法迅速而精確地完成血細胞計數而自覺愚笨；一位一向慷慨的人，可能會在考慮花錢旅行或購買舒適的公寓時感到焦慮，即便他有足夠的經濟能力去做這些事情。同樣地，一個人只要在判斷上出現失誤，就會責怪自己無能，即便該問題本身是允許多種見解的。這些例子顯示出，當我們偏離內心的強迫性準則時，便會產生自我苛求的情緒。

　　此外，人們也常有這樣的經驗：覺得他人對自己有指責，或期望自己達成不可能的成就，但實際上他人並沒有這樣的意圖。這種情況下，我們可以認為這些感覺是個人投射出的苛求態度和指責態度。這些情緒投射可能源於個人內心的標準和期待，而非外界的真實要求。

　　佛洛伊德在觀察中指出，理解和治療神經質的重要性在於了解這些內心的苛求。他認為，這種神經質的完美需求之所以強大，是因為它根植於本能之中。佛洛伊德將這種需求視為受虐欲、破壞慾、自戀以及伊底帕斯情結的綜合體，這些都是他

所謂的「超我」概念的一部分。這些理論，無論是性衝動理論還是死亡本能理論，都是從相同的理論基礎上發展而來。

然而，對於這些理論的接受與否，仍然是值得商榷的問題。雖然佛洛伊德的觀察力無可置疑，但他所提出的理論是否能夠全面解釋人類的內心苛求，仍需進一步的研究和討論。在此，我們不妨先了解到，這些內心的苛求往往是由我們自身的標準所建構，而非外界的實際要求。理解這一點，或許能幫助我們在面對自我苛求時，更加理性地看待自己的情感和反應。

佛洛伊德的心理分析理論中，對於「超我」的觀點總是引人深思。他將「超我」描述為一個具有禁令形象的內部機構，類似於一個無所不在的祕密警察，能夠敏銳地察覺並懲罰任何被禁止的衝動，尤其是攻擊性的衝動。這種懲罰不僅是外在的，更是在內心深處激起焦慮和自責。佛洛伊德認為，這樣的結構賦予「超我」某種破壞力，這種力量進而成為神經質完美需求的根源。

這種完美的需求，實際上是「超我」的專制力量的直接結果。無論個人是否自願，都必須迎合「超我」的要求，以避免內心的懲罰。佛洛伊德的觀點與一般性的看法形成了鮮明對比。一般人認為，自我約束是由現有的道德目標所決定，但佛洛伊德則提出，道德目標本身是由虐待狂傾向所導致的。他認為，自我理想準則的建立，正是為了壓制內心的攻擊性動機。

在這個過程中，個人往往將本應指向他人的虐待狂衝動，

轉而對準自己。這種內化的攻擊性，使得個人沉溺於完美需求中，對自己施加了異常的痛苦。佛洛伊德形象地描述這種情況為，用「韁繩」將自己勒得窒息。這樣的自我施虐行為，反而使得個人變得更加暴虐，因為他們將所有的攻擊性都轉向了自己。

佛洛伊德的觀察顯示，沉溺於完美需求的人，往往將自己折磨得異常痛苦。他們的自我理想不僅沒有緩解內心的衝突，反而助長了內心的攻擊性。這種現象揭示了「超我」與自我之間複雜而矛盾的關係。超我試圖壓制攻擊性，但卻在無意中激發了更多的內在衝突，導致個人陷入自我攻擊的循環中。

這種內在的戰爭，讓我們看到人類心理結構的複雜性。佛洛伊德的理論提醒我們，內心的衝動與約束之間的平衡，是多麼難以捉摸且充滿挑戰。透過理解「超我」的運作，我們或許能更容易理解自我，進而在這場內心的戰爭中找到和解之道。

追求完美的假象

在探討人類行為的複雜性時，我們常常會遇到一些看似無懈可擊的觀察，然而這些觀察卻可能隱藏著更深層的解釋。第一種觀察或許在表面上看來無懈可擊，但它可能會有其他原理可以解釋。至於第二種觀察，則引發了更大的質疑。這類人表面上看來慷慨大方，卻從不允許自己真正享受生活。他們在努力不去批評或傷害他人的同時，卻又用自我譴責來懲罰自己。然而，這些觀察不僅缺乏普遍性，還可能有其他解釋。這種矛盾的現象，例如在道德或宗教名義下進行的殘酷行為，又該如何解釋呢？

佛洛伊德的理論雖然引人深思，但在這方面卻未能給出讓人滿意的答案。然而，他的觀點提供了一條啟發性的線索：追求完美並非出於真誠的願望。這種追求的「目的不純」，正如亞歷山大所描述的，這種神經質的道德目標追求僅僅是形式上的，表面誠懇卻實際虛假。那些被完美追求所奴役的人，只是在故作姿態，假裝擁有讓人讚賞的美德。

真正想要充實自己的人，會在意識到自身的桎梏之後，積極探索障礙的根源，以最終克服它。例如，如果他發現自己常常無緣無故地發怒，他會先努力控制自己的脾氣。如果這樣還無法

解決問題，他會深入探究自己的性格中有哪些傾向讓他易怒，並努力改變它們。相比之下，神經質患者的反應截然不同。他們首先要麼壓抑自己的怒氣，要麼為自己的怒氣找理由。如果這些方法都失效，他們會嚴厲譴責自己的態度，並想方設法控制它。如果控制失敗，他們就會責怪自己缺乏自制力。然而，他們的努力到此為止，不再繼續探索怒氣背後的問題。這樣一來，他們的行為模式便無休止地循環下去，停滯不前。

這種對完美的追求，從表面上看似乎是自我提升的一部分，但實際上卻可能是一種自我欺騙的假象。只有當我們願意深入挖掘自身行為的根源，才能真正擺脫這種無休止的循環，邁向真正的成長與自由。

在心理分析的過程中，患者常常會面臨一個不願意承認的現實：他們的努力可能是徒勞的。當分析者指出，憤怒只是深層問題浮現的表象時，患者往往會理智地接受這個觀點，甚至表現得彬彬有禮。然而，若分析者深入探討更深層次的問題，患者的反應便會變得錯綜複雜。他們可能感到焦慮與憤怒交織，隨後又巧妙地與分析者辯論。即使無法完全反駁分析者，他們也會試圖證明分析者的觀點過於誇大。這種辯駁過後，患者可能又會因無法控制自己的憤怒而自責。

無論分析者多麼小心翼翼，只要觸及患者心靈深處的問題，這樣的反應便可能反覆出現。這類患者不僅拒絕深入探索自身障礙的根源，進而做出改變，甚至會極力反對這樣的過程。他

們對分析的厭惡，通常只有在病情嚴重時才會尋求幫助，如恐懼、疑慮或焦慮等情緒困擾。即便在這種情況下，他們的期望依然是能在不改變人格的前提下，讓這些症狀消失。

從這些觀察中我們可以看到，這類患者並非如佛洛伊德所認為的被「完美」的需求驅動，而是被一種表面的完美所驅動。這種表面上的完美究竟是為了誰而存在呢？首先是為了他們自己。第一印象是留給自己的，必須先說服自己這是正確的。或許，他們確實會譴責自己的不足，無論他人是否注意到這些缺點，但他們不願被別人左右，至少表面上是如此。

佛洛伊德因此產生了這樣的觀念：「超我」是心靈深處的獨立自我，受道德禁忌的影響而表現出來，但這個概念最初源於童年時期的愛恨與恐懼。這類患者的掙扎，正是在於他們試圖維持這種表面上的完美，卻又無法忽視內心深處未解的矛盾與痛苦。這場與自我和分析的對抗，成為他們心靈成長的一個重要環節。

偽裝的獨立與表面完美

　　完美主義者常常被視為獨立的象徵，然而這種獨立性卻是一種表象，它的根基並不在於內在的自信，而是在於對外部期望的反抗。這些個體雖然在行為和思想上顯得獨立，但他們對他人意見的依賴卻極其深刻，只是採取了一種獨特的方式來表達。他們的行動和情感常常被他人的期望所操控，無論他們是選擇順從還是反抗這些期望。

　　完美主義者尤其在意他人對自己的看法。他們的自我價值相當程度上依賴於他人對他們「一貫正確」的認可。然而，這種「正確」的形象往往受到質疑，任何形式的異議都可能動搖他們的信心。於是，他們努力維持一個無懈可擊的形象，這既是一種討好他人的策略，也是為了保護個人利益的偽裝。

　　這種表面完美的需求並不涉及道德，而是源於一種自我中心的驅動。他們渴望被認為是全知全能的，即便這樣的形象只是虛假的表象。在知識分子中，這種現象尤為普遍。他們會在無法回答問題時，透過假裝知曉或使用各種複雜的術語和理論來掩飾自己的不足。即便坦承不知道也不會對其學術聲譽造成損害，但他們仍然選擇維持這種假象。

　　揭示這些努力背後的動機，我們便能看出，這種「一貫正

確」的追求並非源於內心的道德指引,而是表現出一種神經質的表面完美需求。這樣的需求使得「超我」不再是自我內部的一個道德機構,而變成了一種個人化的、以表面完美為目的的驅動力。

因此,完美主義者的獨立性和完美追求,實際上是對他人期望的反應,而非源自內心深處的自信。這種假象的獨立和表面完美,不僅限於個人的心理需求,也反映了他們在社會中的生存策略。

在現代社會中,幾乎每個人都在追求名譽與尊重,這是一種無法避免的現實。對於某些人而言,這種追求更是執著到極致,彷彿他們的存在僅僅依賴於外界對其形象的認可。這樣的人,為了迎合他人和社會的期望,將自己的想法、愛好甚至價值觀都置於次要地位。他們的生活被一種迫切的需求所驅動:維持一個看似完美的形象。

這種對完美形象的追求,常常受到特定文化價值觀的影響,例如注重整潔、專注、時間效率、無私奉獻、理智和寬容等。而對於個人而言,這種完美的標準可能由多種因素決定,包括天賦、童年經驗、成長環境,以及內心深處的焦慮與不安。佛洛伊德曾提出,這種完美主義的來源可能與童年經歷有關,尤其是父母嚴格的規範和隱藏的怨恨。然而,將這個傾向簡單歸因於童年父母的影響,未免過於片面。

真正能解釋完美主義起源的,是整個成長環境的綜合作用。

完美主義與自戀其實有著相似的根源：在不利的成長環境中，兒童可能感到周圍的一切都令他沮喪。他的自我尚未成熟，卻已經被迫去迎合父母的期望，逐漸失去自主能力。他的願望和判斷力減弱，對他人的畏懼感也在增長，這使他不自覺地想要與他人保持距離。

這種不幸的環境可能促生了自戀、受虐和完美主義傾向。當一個人覺得自己必須以完美的面具來面對世界，這樣的生活無疑是沉重而壓抑的。他們的內心世界可能充滿了未曾解決的焦慮與恐懼，這種情緒驅使著他們不斷追求外在的完美，卻忽略了內心真正的需求。

因此，我們應該理解，完美主義並非單純的個人選擇，而是一種深植於成長經歷與文化影響的複雜現象。唯有意識到這一點，才能在追求卓越的同時，不忘珍視自身的獨特性與內心的平靜。

被誤導的堅強：完美主義者的隱祕童年

在完美主義者的成長軌跡中，常常能夠追溯到一個充滿壓制與不公的童年。這些孩子往往在自以為是的父母權威之下長大，父母用不容置疑的方式來約束和管教他們。這種權威可能首先展現在道德準則上，或是一種個人專制色彩的教育方式，

讓孩子無從反抗。孩子們常常面臨不公正的對待，比如父母偏心於其他兄弟姊妹，或者在明顯無辜的情況下依然受到責罵。即便這種不公正的程度似乎是普通的，但它給孩子心靈帶來的影響卻遠遠超出表面。

這樣的環境讓孩子心中積聚了憎恨與憤怒，但他們卻無法表達，因為他們害怕不會得到父母的理解或支持。這種恐懼來自於父母與他們心中理想形象的巨大落差。在這種情況下，孩子逐漸失去了自我判斷的能力，他們的價值觀開始模糊，最終完全迷失在父母所施加的準則中。他們無法辨別好壞、開心與否，甚至無法確知自己的喜好與厭惡。

這種成長過程讓孩子感到自己是在逃避現實，他們用別人的標準來判斷自己，以此來假裝獨立。內心深處，他們相信只要遵從他人的期望，就不必承擔任何責任，甚至可以擺脫外界的掌控。這種依賴外界準則的行為，讓他們看似堅強，但這其實只是懦弱的偽裝，就如同用緊身胸衣來支撐受傷的脊梁一樣。

外界的準則告訴他們什麼是需求，什麼是對錯，這樣他們才在他人眼中顯得堅強。然而，這種堅強只是表面現象，實際上，這些完美主義者內心仍然脆弱不堪。與受虐狂不同，完美主義者試圖隱藏自己的弱點，他們的軟弱被一層層的偽裝所掩蓋，但這層盾牌並不能真正保護他們。

這樣的成長經歷，讓完美主義者在成年後依然掙扎於自我價值的迷霧中。他們需要重新找回自己的內心引力中心，學會

用自己的標準來評判生活，從而真正地獲得內心的自由與堅強。

在某些人心中，迎合他人的期望似乎是一個避免衝突的有效策略。他們發現，這樣的妥協能令自己免於遭受責備和攻擊，從而暫時擱置與環境的衝突。然而，這種行為卻不僅僅是表面上的和解，背後隱藏著一種強迫性的內在準則，這種準則主導著他們的行為和人際關係。

這些人堅持自己的準則，最終獲得了一種優越感，這種優越感與自戀者的自我膨脹略有不同。自戀者是因為自身的優秀而感到滿足，享受被人羨慕的感覺；而那些追求正確的人，則是從「狠狠地扇別人一耳光」的報復心理中獲得滿足。甚至，他們將自己時不時冒出的負疚感視為一種美德，認為這是道德感敏銳的展現。

當有人指出他們的自責其實過於苛刻時，他們往往不以為然，覺得自己的道德水準遠勝於批評者，認為批評者用低標準來衡量他們，根本不理解他們的道德境界。在這種態度中，隱藏著一種虐待狂式的滿足，這種滿足大多是無意識的。他們試圖用自身的優勢來打擊和刺痛他人，這種虐待狂衝動可能表現為貶低他人想法、挖苦他人過錯、或是嘲笑他人缺點。

然而，這樣的衝動背後，實則是一種慷慨激昂的姿態，試圖透過打擊他人來證明自己站在一個永無過錯的高度。他們將「比別人品德高尚」視為鄙視他人的資本，將父母曾經帶給自己的創傷轉嫁給他人。尼采在《朝霞》中對這種道德優越感的描

繪,將其形容為「美德原是文雅的殘酷」。這種殘酷,既是對他人的,也是對自身的,因為在這種優越感的驅使下,他們無法真正地與他人和解,也無法真正地與自己和解。正是這種內心的紛爭,使得他們在追求美德的過程中,陷入了無法自拔的孤獨與痛苦。

虛榮與道德的面具

在我們的生活中，虛榮心常常被包裝成一種美德，然而，它真的是那麼高尚嗎？這股追逐盛名的衝動究竟意味著什麼？當我們借用華麗的外殼，激起鄰里的嫉妒時，我們是否在無形中彰顯了一種錯誤的優越感？我們讓別人品嘗命運的苦澀，卻自以為是地認為這是一種恩賜。這種行為的背後，隱藏著多少對他人的輕蔑與勝利者的傲慢。

有些人以謙恭示人，外表看似完美無缺，然而，他們只是利用謙恭來尋找可以長期折磨的人。這種偽善的面具下，隱藏著多少不為人知的陰暗？我們對某些人充滿欽佩，因為他們愛護動物。然而，他們對某些人的殘酷，卻是藉此得到發洩的。這樣的矛盾，是否讓我們對人性的複雜感到震驚？

再看看那位偉大的藝術家，他心中幻想著對手被擊敗後妒恨的模樣，甚至為此暗自得意。他不容許自己的力量懈怠，因為在他的期許中，只有別人的痛苦才能證明他的偉大。這樣的思維，是否讓我們質疑藝術的真正價值？

修女用她的貞潔審判其他女性，睥睨著她們，用一種似乎閃爍著復仇快感的目光。這種道貌岸然的正義感，真的能夠代表道德的制高點嗎？在這些情境中，我們看到了多少虛榮心的

變種?它們像是戴著面具的道德,讓人難以分辨其真偽。

這個主題或許並不冗長,卻因其無數種變化而充滿趣味。信誓旦旦地追求崇高美德,原來只是對文雅殘酷的愛不釋手。這種矛盾的追求,一面嚮往著新奇,一面期待著痛苦,讓人不禁感慨:這究竟是何等的荒謬!在這樣的反思中,我們或許能夠更清晰地看見自己,理解道德與虛榮的真實面貌。

在這個充滿矛盾的世界裡,有些人被一種無法抗拒的衝動所驅使,他們渴望擊敗他人,這種報復性衝動的滋生有著多重複雜的因素。這些人往往在生活中難以從人際關係或工作中獲得滿足感,因為愛與工作對他們而言像是一種強制性的責任,他們不情願地接受。這種情感上的阻塞,使得他們無法自發地對他人產生正向的情感,而是充滿了憎恨。

在這些困境中,虐待狂的衝動卻有一個更深層的根源:他們感到自己的生命不再屬於自己,必須時時刻刻迎合他人的期望。這種感受,讓他們在無形中將自己的願望和準則交給他人主宰,隨之而來的是被職責壓力所窒息的感覺。為了滿足戰勝他人的願望,他們選擇了一條狡猾的道路:表現得比別人更為正直,以美德取勝。

然而,這種對他人期望的反抗,卻隱藏在不易察覺的鏡子背面。他們的反抗並不是公然的,而是透過一種微妙的方式來顯現。任何被認為理所應當的事情,任何應該感受到的情感,都能激起他們潛在的反抗。儘管如此,仍有少數活動能讓他們

暫時放下這種反叛的情緒，比如吃糖果或讀偵探小說。這些活動成為他們少數的喘息之地，讓他們在短暫的時間裡，不再對抗別人的期望。

當一個人的動力不再源於自身，而是被迫依循他人的軌跡行動，他的自由便不再屬於自己。即使他可能沒有意識到這一點，他的活動和整個人都會變得了無生氣，毫無吸引力。這種生活方式，不僅讓他們感到窒息，更讓他們的存在變得黯淡無光。這種反抗，雖然隱祕，卻無時無刻不在影響著他們的生活，成為他們生命中不可忽視的一部分。

潛意識的矛盾：抗拒與順從的舞蹈

在日常生活和工作中，我們常常面臨一種讓人心力交瘁的矛盾：一方面是潛意識中對外來期望的抗拒，另一方面是不得不承擔的職責。這種矛盾的具體表現之一就是工作壓抑感。即使是最初出於自願開始的工作，隨著時間的推移，也可能轉變為一種負擔，讓我們產生消極和抗拒的情緒。

這種情緒的矛盾表現得尤為明顯：我們一方面希望迅速完成工作，另一方面卻又遲遲不願動手。這種內心的拉扯往往導致不同的結果，有時我們會因懶惰而拖延，有時又可能因過於緊張而無法專注。這種情況在工作上尤為顯著，尤其是那些日

常的繁瑣任務，反而更容易讓人緊張。因為我們往往要求自己做到完美，任何小錯誤都可能引發焦慮。

在這種狀態下，我們可能會尋找各種藉口逃避工作，甚至將任務推給他人。在治療過程中，這種抗拒與順從並存的情況也為治療帶來了挑戰。分析者希望患者能夠坦誠表達自己的想法和情感，認識自我，進而改變現狀。然而，患者卻常常在表面順從的同時，內心希望分析者的努力失敗。

這種矛盾的結構可能引發兩種焦慮。其一是佛洛伊德所闡述的對「超我」懲罰力量的恐懼，這種焦慮源於對犯錯、意識到自身缺陷或預見可能失敗的恐懼。在這種情況下，患者會在自我防禦中不自覺地抗拒治療的進展。

要解決這種內心的矛盾，我們需要深入了解自己的潛意識，意識到這種抗拒與順從的內在衝突，並學會在這兩者之間找到平衡。只有這樣，我們才能從壓抑中解脫，重新獲得工作的動力和生活的樂趣。這是一場與自我對話的過程，也是學會接受不完美，並從中成長的過程。透過這種自我探索，我們能夠更好地應對生活中的各種挑戰，實現真正的內心自由。

焦慮的根源往往是內外不一致的矛盾，這種矛盾在某些人身上尤為明顯。他們時刻擔心自己被揭穿，害怕他人看穿自己的假面具。這種恐懼可以投射到具體的事物上，比如手淫，但其實質是對自我形象崩潰的深刻恐懼。這些人害怕有一天他們會被揭露為騙子，讓真實的自私和自我中心暴露無遺。他們可

能表面上看似慷慨無私，其實內心深處卻是另一番模樣。

這種恐懼不僅僅存在於個人的道德評價上，還滲透到他們的社交和職業生活中。自視聰明的人尤其容易感到威脅，因為在公開討論中，他們可能會遇到無法立即反駁的觀點，這會讓他們小心翼翼維持的「全知全能」形象瞬間崩塌。他們渴望被眾人喜愛，但又害怕過於親密的關係，因為這可能會讓別人逐漸失望。對於工作，他們希望得到上司的重視，卻不敢承擔真正的責任，因為深知自己能力不足。

這種對於揭穿的恐懼，使他們懷疑並害怕自我剖析，因為剖析可能揭示他們一直以為是真實的東西其實只是偽裝。焦慮如影隨形，時刻籠罩著他們，讓他們無法預測何時會面對恐懼的侵襲。這種恐懼有時會以羞怯的形式出現，有時則毫不掩飾地衝擊他們的內心。

害怕被揭穿的恐懼無形中帶來更多的痛苦。他們常常感到自己不被需要，這種感受轉化為「沒有人喜歡我現在的樣子」的悲觀想法，成為孤獨和自傲的根源之一。這樣的焦慮不斷加深他們的孤獨感，使他們不斷質疑自己的價值和存在的意義，最終陷入一個無法自拔的循環。這一切都是因為，他們無法面對真實的自我，無法接受面具後的那個不完美的存在。

面具背後的焦慮

在人生的旅途中，我們常常會感到一種無法名狀的恐懼，這種恐懼源自於我們害怕被揭穿的面具。表面上的完美需求背後，往往隱藏著深層的虐待狂衝動。如果一個人對自己的完美形象深信不疑，並以此作為嘲笑他人的籌碼，那麼一旦犯錯，就可能遭受外界的鄙視、嘲笑和羞辱。這種情況下，個體的內心會充滿焦慮。

這種焦慮的根源在於，當個人意識到自己正在追求某些與社會價值觀相悖的願望時，焦慮便會浮現。例如，一位婦女總是要求自己保持低調，但當她入住一間高級飯店時，她會感到特別不安。她擔心親朋好友會因此而視她為愚蠢。這種自我苛求的焦慮在不同的情境下顯得尤為明顯。

對於這種焦慮的解釋，可以從兩個角度來看。首先，可以將謙遜低調視為對貪婪的反向作用。由於害怕失控的貪慾，即使是合理的願望也會引發焦慮。然而，這種觀點並不完全讓人信服。患者可能表現出貪婪的行為，但這更多是因為他們的願望被壓抑所致。

其次，因自覺願望「自私」而產生的焦慮，可以被解釋為對面具被揭穿的恐懼。這種解釋雖然接近事實，但仍有不足之

處。對於這些患者來說，這些願望就如同「奢侈品」，他們缺乏能力去自由地擁有和追求自己的願望。

因此，這種焦慮的核心在於個人無法承認自己內心的真實渴望，因而掙扎於面具與自我之間。他們害怕揭開面具後的真相，因為那意味著他們必須面對自己的不完美，面對他人可能的嘲笑和指責。只有當我們開始接納自己的不完美和真正的願望，才能減少這種焦慮的影響，讓內心的自我與外在的面具達成和解。

在探索焦慮的深層結構時，我試圖從患者的視角來理解這種情緒。在精神分析中，患者常常認為他們的行為是分析者所期望的，若不遵循這些期望，分析者便會揭露他們的真實面目。這種情況通常被描述為「超我」對分析者的投射。然而，僅僅將其解釋為投射是遠遠不夠的。患者不僅僅是將自己的要求投射出去，他們還期望分析者成為他們的導航者。由於患者失去了辨別方向的能力，只能依賴外在的規則和期望，這些規則一旦缺失，他們便會感到無所適從。

在一次治療過程中，我試圖向一位患者解釋，我的目的並不是要他為了分析而犧牲，而是幫助他意識到自己身處一個由某種原因建構的假象中。出乎意料的是，他對此非常生氣，甚至建議應該印製傳單，告訴患者在分析時應該怎麼做。這位患者顯然喪失了自主性和自我意願，無法成為真實的自己。儘管做自己對他來說具有極大的吸引力，但這種誘惑卻伴隨著強烈

的焦慮。

在接下來的一晚，他做了一個充滿焦慮的夢，夢中洪水肆虐，他的檔案紀錄即將被沖毀。然而，他所擔心的並不是自身的安危，而是檔案的完整性。對他而言，檔案象徵著完美的自我形象，必須保持無懈可擊。這個夢揭示了他內心深處的恐懼：如果他選擇做回自己，任由情感如洪水般洶湧，那麼這些情感將威脅到他精心維護的完美形象。

患者的經歷讓我明白，許多人在追求完美形象的過程中失去了自我。這種對完美的執著，不僅是對外界期望的迎合，更是對自我價值的錯誤認知。患者需要學會接受不完美的自己，理解真實的自我是多麼珍貴。只有這樣，他們才能從焦慮的枷鎖中解脫出來，找到屬於自己的航向。

掙脫虛假自我的枷鎖

在這個充滿矛盾的世界裡,人們常常被告知要「做自己」,彷彿這是一種終極的解脫。然而,當一個人的自我形象建立在虛假的基礎上,當他撕開那層偽裝,面對真正的自我時,內心的震撼和不安可想而知。這種情況下,他如同提線木偶般被操控,卻又渴望成為無拘無束的雅士,這種矛盾的存在使得人們在尋找內心的安全感時,必須先面對由表裡不一帶來的焦慮。

這種焦慮的根源,或許可以追溯到壓抑的動力。佛洛伊德曾指出,壓抑的形成來自於對「超我」的恐懼,這種恐懼不僅僅是對外界的懼怕,更是對內心深處的自我要求。但在我看來,這種觀點對壓抑的解釋過於狹隘。壓抑的力量,不僅僅是來自於「超我」,而是多種因素的綜合展現。無論是某種強烈的內在驅動力,抑或是某種深沉的情感和需求,都可能因為威脅到了個人至關重要的價值而被壓抑。

這種壓抑甚至可以延伸到理想的層面。當一個人要求自己保持無私的形象時,他可能會無意識地壓抑那些被認為是破壞性的理想。這是因為在追求安全的原則下,他可能不得不以受虐狂的方式來依賴他人,這種依賴反過來又成為壓抑理想的原因之一。

無論如何理解「超我」，我們不能忽視的是，壓抑的產生必然與多種因素息息相關。「超我」只是眾多因素之一，還有許多其他重要的力量同樣在影響著壓抑的形成。真正的解放在於認識這些壓抑的根源，並勇敢地面對內心深處的真實自我。唯有如此，我們才能從虛假的自我中掙脫出來，找到真正的平衡與安全感。

佛洛伊德的理論中，「超我」的力量不僅能壓抑本能，甚至能壓抑自身，這是因為自我破壞本能的作用。他指出，這種壓抑源於本能內驅力的反社會特性。然而，我認為，這種壓抑更像是一座為了抵禦潛在焦慮而建立的堅固堡壘。這意味著，如同其他神經質傾向一樣，「超我」也需要不斷地防護，即使代價高昂。

佛洛伊德的觀點中，被壓抑的正是人性中那些邪惡、腐朽的部分，這個發現確實具備深遠意義。但我想提出一種更靈活的觀點：哪些東西會被壓抑，取決於個人必須扮演的形象。一旦某些特質與這個形象不符，便會遭到壓抑。例如，一個人可能在私下裡沉溺於某些不道德的想法或行為，但某些出於個人利益的願望卻被壓抑了。

然而，這種觀點在實踐中並無太大意義。因為人們展現出的形象通常與普世道德觀認為的「真善美」相符合，而被壓抑的特質則多半與「假惡醜」相關。但這裡存在一個更為重要的差異，即壓抑的過程中，許多有價值的品格也被無意識地壓制了。

佛洛伊德雖然注意到了這個事實，但未充分重視其重要性。他觀察到，人們在壓抑貪婪的同時，也壓抑了合法的意願，但他解釋這種現象時卻說：我們無法細究壓抑的範圍，最初為了壓抑貪婪，但隨之而去的還有合法的意願。這確實可能發生。

　　不僅如此，還有一些正面的品格被壓抑，只因為它們可能威脅到人們竭力維持的形象。例如，自主意願、自發情感、獨立判斷等，這些人性中最具活力的因素，往往在形象的壓抑中被忽視和埋沒。這種壓抑不僅影響了個人的心理健康，也使得社會失去了許多潛在的創造力和多樣性。這是一個值得關注的議題，因為它揭示了形象與真實自我之間的深刻矛盾。

完美的假象與內心的掙扎

在現代社會中，許多人追求一種表面上的完美，這種需求往往導致內心的矛盾與掙扎。這種對完美的追求如同一個無形的枷鎖，壓抑著兩種目標：一是任何與精心營造的完美形象不符的東西；二是任何無法維護這個形象的東西。這種壓抑的結果是，個體在精神上承受著巨大的痛苦。

佛洛伊德曾指出，「超我」作為一種內在道德機構，常常與「自我」發生衝突。這個觀點揭示了「超我」如何以一種苛刻的方式維護著道德規範，甚至殘酷地打壓「自我」。佛洛伊德認為，「超我」的本質與普世價值觀的良知與理想一致，但更為嚴苛。然而，這種苛刻的道德標準往往淪為一種表面的道德外衣，掩蓋了真實的內心需求。

理想，從某種意義上來說，是個人認為對自己有價值的情感和行為準則。它們是自我不可分割的一部分，並未與自我異化。與此相比，表面完美需求僅僅是模仿了道德準則的外在形式，而未能領會其精髓。這種需求充其量只是冒牌貨，無法真正滿足內心的渴望。

在這種背景下，許多人用道德外衣代替了真正的道德準則。然而，我們不能因此斷言所有的道德準則都是如此。真正的道

德準則應該是人類自我認同的一部分,而非僅僅是一種外在的壓力。當表面完美需求僅僅是偶然與某一文化的道德準則一致時,它就失去了真正的價值。這種需求無法持久,因為它缺乏與內在自我的真實連繫。

總之,追求表面完美的過程中,人們往往忽視了內心的真實需求。這種需求的滿足不在於外在的形象,而在於對自我價值的真正理解與認可。只有當我們能夠正視內心的需求,放下表面的完美追求,才能在精神上獲得真正的自由與平和。

扔掉面具:重拾真我

在我們的生活中,虛假的道德目標與理想常常與真正的道德準則相混淆。這種混淆對於後者的發展形成了一種無形的阻礙。我們所討論的這類人,往往因為對安全的渴望而承受著恐懼的壓力,從而選擇遵循某些道德準則。然而,他們的遵循只是流於形式,因為在他們看不清的內心深處,實際上是抗拒這些準則的。

舉例來說,一個人可能總是以和善的態度待人,但在潛意識中卻將這種行為視作一種難以忍受的強迫。只有當這種友善不再具有強迫性色彩時,他才有可能真正判斷自己是否喜歡這種待人方式。神經質的完美需求確實涉及道德問題,但它們並

不是患者競爭的主要對象，也不是患者假裝存在的問題。真正存在的道德問題是虛偽、自大以及文雅的殘酷。

這些問題與我們之前討論過的心理結構有著密切的連繫。然而，過錯並不在於患者本人，他們是被迫擁有這些問題的。在分析過程中，患者無法再逃避這些問題。分析者的責任並不是改善患者的道德觀，而是幫助患者不再被這些問題所折磨。這是因為正是這些問題阻礙了他們與他人建立良好關係的能力，也阻礙了他們人格的進一步發展。

儘管這個分析過程可能會讓患者感到痛苦，但它帶來的效果卻是最讓人欣慰的。正如威廉·詹姆斯所言，拋棄面具就是一種新生，是上蒼的救贖。透過觀察和分析，放棄偽裝所帶來的輕鬆與解脫，遠比滿足虛假的道德目標所帶來的短暫安慰要多得多。這個過程不僅是對患者心靈的一次深刻探索，也是他們走向真正自我的關鍵一步。

最終，擺脫虛偽的道德桎梏，重拾真我，這是每個人都應該追求的目標。只有當我們能夠誠實地面對自己，才能真正擁抱生活，實現真正的內心自由。這是一個痛苦但值得的過程，因為它帶來的將是一個全新的自我，一個不再被虛假的道德準則所束縛的自我。

自責的枷鎖

　　在心理學的發展歷程中，內疚感常常被忽視，尤其是在早期的神經質研究中。然而，隨著「超我」概念的提出，內疚感逐漸被認為是神經質的重要驅動力之一。馬西諾斯基是少數早期就意識到內疚感重要性的人，他指出所有的神經質其實都根植於內疚感。這個觀點在後來的研究中得到了越來越多的支持。

　　內疚感的複雜性在於它常常以多種方式表現出來。表面上，它可能僅僅是自責或因特定行為而產生的不安。但在更深層次，內疚感往往掩藏在表面之下，以間接的方式影響個體的行為和心理狀態。這些間接表現的內疚感比直接表現的內疚感更為常見，並且在神經質中扮演著主導性的角色。

　　例如，某些人可能會因為無意識的內疚感而表現出自我懲罰的傾向，這種傾向可能會讓他們在生活中做出一些自我損害的選擇，而他們自己卻未必能意識到這些選擇的真正動機。這種內疚感的隱祕力量使得它在心理治療和分析中成為一個重要的探討對象。

　　在臨床實踐中，常常可以觀察到內疚感與其他心理現象的交錯。例如，一些患者可能會因為無意識的內疚感而對自身的幸福感到不安，甚至在獲得成功和快樂時感到不配。這種情況

下，內疚感不僅僅是自責，而是對自我價值的一種深層次質疑。

此外，內疚感還可能與受虐狂傾向相互作用，這些傾向在某些神經質患者中表現得尤為明顯。這些患者可能會不自覺地追求痛苦或失敗，以此來懲罰自己，滿足內心深處的某種內疚感。

因此，在研究和治療神經質時，理解內疚感的多樣性和深層影響是至關重要的。透過深入探討內疚感的根源和表現形式，心理學家和治療師能夠更有效地幫助患者解開內心的糾結，恢復心理健康。在接下來的討論中，我將進一步探討能夠構成內疚感的具體現象，揭示其在神經質中的廣泛影響。

神經質患者常常被無法擺脫的自責感所困擾。無論事件的大小，他們總能找到理由指責自己。這種自責感，起初可能源自一種強烈的責任感，但隨著時間的推移，卻演變為一種無差別的自我譴責。這些人把所有不幸事件的責任一併攬在自己身上，無論是社會重大事件如謀殺，或是日常瑣事如患上感冒。當身體不適時，他們會懊悔自己沒有及時增加衣物或看醫生，或是對於沒有預防疾病的傳染而自責不已。與朋友之間的互動稍有不順，他們便開始反思是否曾經無意間傷害過對方的感情。即便是一次小小的約會失誤，也能成為他們自責的理由，因為他們認為自己沒有足夠注意和準備。

這種自責甚至延伸到對過去行為的無休止反思。他們可能會浪費大量時間回憶與他人的對話，分析自己的言辭是否造成了不良影響，或者是否有更好的表達方式。他們甚至會因為忘記

關掉瓦斯而擔心是否會因此危及他人安全，或是因為沒有撿起路上的橘子皮而懊惱，擔心可能會因此讓人跌倒。

這些無止境的思緒讓他們輾轉反側，無法安眠，甚至無法專注於其他日常活動。這些想法有時看似荒謬，但對於神經質患者而言，卻是真實存在的困擾。他們在自責的枷鎖中掙扎，難以釋懷，這不僅影響了心理健康，還影響了他們的生活品質。

這種過度的自責是一種心理負擔，讓人無法輕鬆面對生活中的不如意。他們需要學會放下這種無謂的自我譴責，學會接受自己的不完美，並從中獲得釋放，才能擁有更輕鬆的生活。這需要時間和努力，但卻是擺脫自責枷鎖的唯一途徑。

在日常生活中，我們常常在不自覺間讓自我譴責成為我們的隱形伴侶。這種情緒就像一位不速之客，悄然隱藏在我們了解自身動機的願望背後。特別是在神經質患者身上，自我譴責的現象更為複雜。他們會表現得彷彿在「分析」自己，但事實上，他們從未讓深埋的內疚感光明正大地暴露出來。

這些患者時常陷入一種自我檢視的循環中。他們或許會追問自己是否曾經未能證明自己的價值，或是思考是否曾對他人說過傷害性的話。他們甚至懷疑自己的懶惰是否真的無可辯解。然而，這種自我反思的背後，究竟是源自於改變自我的真誠願望，還是僅僅為了迎合精神分析而進行的投機取巧，卻很難一眼看穿。

有時，這種內疚感會以對他人異議的極度敏感來表現。患

者可能害怕他人因與自己過多交往而失望，這種恐懼使他們在分析過程中保留重要資訊，彷彿置身於法庭上，時刻警惕著不知名的審判。他們在心理上築起一道防線，卻又不確定自己究竟在防範什麼，究竟害怕什麼被揭露。為了避免斥責，他們如履薄冰地遵循各種規範，不敢犯下任何錯誤。

另一方面，有些神經質患者似乎樂於招惹麻煩，這種行為帶有一種尋釁的意味，導致他們經常遭遇困境。對他們來說，闖禍、遭遇不幸甚至生病，都是生活中的常態。這些事件的發生，反而讓他們感到更為自然、易於接受。這種現象被視為內疚感的另一種表現形式，甚至可以說，是透過自我受難來達到自我贖罪的方式。

總而言之，自我譴責和內疚感在我們心中戴著不同的面具，時而隱藏，時而顯現。理解它們的存在和影響，是我們自我探索旅途中的重要一步。只有認清這些面具，我們才能真正解放自己，邁向更健康的心理狀態。

內疚的隱祕面紗

　　內疚感，這種情緒在我們的生活中無處不在，常常以不同形式出現。有時，它以自我譴責的方式直接表達出來，讓我們感到負罪；有時，它則隱藏在對他人責備的敏感中，或是對動機的質疑裡，像是在掩蓋某些過錯。想像一位女僕偷了東西，當有人不經意地提到這件物品，她會立刻覺得這是對她誠實的質疑，即便那個問題並無特定指向。這種過度的敏感和防禦，不僅是行為上的反應，更是一種內心深處的內疚感在作祟。

　　自古以來，「有錯就要受罰」的觀念深入人心，這讓我們習慣性地將內疚與懲罰連繫在一起。然而，佛洛伊德的心理學理論對這種現象提供了一個不同的視角。他認為，內疚感的根源在於「超我」與「自我」之間的張力。神經質患者雖然不一定比常人更有過錯，但由於他們心中那個追求完美道德的「超我」過於強烈，使得他們更容易感到內疚。

　　這樣的觀點引發了一個重要的問題：為什麼有些神經質患者願意接受他們的內疚感，而另一些人卻不願意？無意識內疚感理論或許能給出答案。那些被無意識內疚感折磨的患者，可能對自己的內疚感全然不知。他們以痛苦和神經質作為補償，這樣便能麻痺自己對「超我」的恐懼，而不去承認自己的內疚感

及其原因。

這些患者寧願在病狀中隱藏自己，也不願意面對內心的真相。他們的內疚感像是一個隱祕的面紗，遮蓋了內心深處的恐懼與不安。這種情緒的深層次理解，讓我們看到人類心理的複雜性，以及內疚感在其中扮演的角色。它不僅僅是一種負面的情緒，更是一種心理狀態的反映，揭示出我們在道德與自我期望之間的掙扎。

內疚感作為一種複雜的情感現象，常常被人們誤解或簡化。許多人認為內疚感是潛意識中壓抑的結果，但若將所有情感的起源都歸因於這一點，未免過於片面。無意識內疚感理論缺乏對這個情感本質的具體闡述，未能揭示其存在的原因、時間和方式，僅僅依靠偶然現象推斷其不可見的存在，這樣的理論在治療上並無實際價值。

要深入理解內疚感，我們必須首先對這個概念達成共識，而不是急於將其應用於其他領域。在精神分析的文獻中，內疚感有時被等同於懲罰的需求，有時又被解釋為無意識內疚的反應。如今，這個專業術語已經進入了日常語言，並且其含義變得相當廣泛。這使得我們不禁懷疑，當一個人聲稱自己感到內疚時，他是否真的經歷了這種情感？

「真感到內疚」意味著什麼？我認為，無論在何種情境下，內疚感都是由於個體意識到自己的某種行為違反了當下文化氛圍中普遍接受的道德要求或禁忌而感到的痛苦。然而，即便在

同樣的準則氛圍中，不同的人對相似的行為可能會有截然不同的反應。一個人可能因為沒有幫助朋友而感到內疚，或者因為婚外情而感到愧疚，但另一個人則可能對同樣的行為毫無愧疚之感。

這表明，內疚感的痛苦意識必然與個人的價值觀和文化背景密切相關。它不僅僅是對外在道德標準的反應，更是一種個人內在準則的碰觸與衝突。只有當這種準則被自己認可且深信不疑時，違背它們才會引發真正的內疚感。因此，內疚感的本質不僅在於對外界道德規範的反應，更在於個體內在價值觀的自我審視和反思。

要真正理解內疚感，我們需要考慮個體與文化之間的交織關係，並意識到這種情感並不僅僅是簡單的懲罰或反應，而是一種深刻的自我反思和價值判斷的結果。這樣的理解，才能讓我們在面對內疚感時，找到更具意義的解決之道。

內疚的真相：揭開超我的面紗

內疚感是一種複雜且多面的情感，時而清晰明確，時而模糊不定。要判斷內疚感是否確鑿，我們可以觀察個體是否有彌補過錯或改善行為的願望。這種願望通常取決於兩個因素：一是違反準則是否能帶來利益，二是該準則對個體的重要性。這

些考量並非空穴來風，無論過錯是行為上的、情感上的，還是衝動或幻想，這些因素都能一一驗證。

神經質患者當然可能感到內疚，因為他們的準則中包含了真實的因素。當他們實際或想像中違反了這些準則時，他們的反應可能是真實的內疚。然而，這些準則中至少有一部分是虛假的，帶有其他意圖。這些虛構的準則讓人不禁懷疑，違背它們後產生的反應是否真正與內疚感相關。根據我們之前的定義，這種反應可能只是一種偽裝。因此，認為違背「超我」的道德要求一定會產生確鑿的內疚感，顯然是不夠嚴謹的。

同樣地，如果僅僅因為看到了內疚感的某些表象，就斷定其根源是內疚感本身，這也是一種草率的結論。既然我們已經拒絕了所有神經質現象都源於無意識內疚感的觀點，那麼我們該如何解釋這些現象的實際內容和意義呢？

實際上，當我們討論「超我」概念時，已經隱約觸及了這個問題的某些方面。超我代表著內心的道德監察者，對於行為的評判以及內疚感的產生有著深遠的影響。但這僅僅是問題的冰山一角。為了全面理解神經質現象及其背後的內疚感，我們需要考慮其他因素，如個體的成長環境、文化背景以及心理發展等。

這些因素共同塑造了個體的準則和對內疚感的反應模式。只有將這些因素綜合考量，我們才能更準確地理解內疚感的真相以及它在個體心理中的作用。這不僅有助於心理治療和自我

認識，也能讓我們更能掌握內疚感在日常生活中的影響。

在我們生活的這個世界裡，完美主義者常常被他人視為榜樣，因為他們追求卓越並不斷努力超越自我。然而，這種追求表面完美的行為背後，卻隱藏著一種深刻的脆弱和不安。這種不安源於對完美形象的維護，以及對其牢固性的懷疑。當面對批評時，這種不安會轉化為懼怕和惱怒，因為批評無疑會揭露完美形象下的缺陷，讓他們感到羞辱。

這種心理反應在臨床治療中具有重要意義。許多患者並不會直接表達這種羞辱感，而是選擇壓抑或掩蓋它。他們將完美形象視為理性，認為自己來接受分析的目的是接受建議，而不是被批評。因此，分析者若未能及時辨識和處理這種潛藏的羞辱感，可能會導致分析失敗。

完美主義者的自豪感常常是虛假的，它與自尊心緊密相連。這種自豪感不僅來自於完美主義的準則，還來自於擁有這些準則的願望。當他們因這些準則而自覺高人一等時，一旦受到質疑或批評，便會覺得這對他們的自尊是一種攻擊。因此，完美主義者的自我譴責通常非常複雜，具有多重意義。

舉例而言，假如某個人極為看重乒乓球比賽的勝利，那麼在比賽中未能發揮出色便會引發對自己的憤怒。同樣地，若某人在面試中未能充分展示自己的優勢，事後也會自責，認為自己愚蠢，忘記了這個關鍵點。這些例子揭示了完美主義者對自身的苛求和自我譴責。

神經質的自我譴責源於對完美的絕對需求，這種需求帶有強制性。完美主義者無法容忍自己的任何失誤或缺陷，因為這些都會威脅到他們精心維護的完美形象。因此，與其說他們追求完美，不如說他們是在逃避不完美帶來的恐懼和羞辱。

總之，完美主義者的內心世界是一個充滿矛盾和掙扎的領域。他們在追求完美的過程中，既享受著自豪感帶來的優越感，又承受著自我譴責的重負。要真正理解和幫助他們，必須深入探究這些心理機制，並在治療中細緻地處理潛藏的羞辱感。

自我譴責的心理

　　神經質的自我譴責常常是完美主義的伴侶，這種自我批評的機制在心理學上有著深刻的根源。完美主義者對於自身形象的維持有著不可動搖的執著，任何偏差都被視作失敗，甚至被認為是危險的。佛洛伊德曾經描述這種自我批評為「轉過頭來排斥自己」，這種敵視自己的過程實際上是因為某種重要目標受到了威脅。這種情況下，自我譴責似乎成為了一種對抗焦慮的手段。

　　完美主義者害怕被揭穿真實的自我，害怕別人的批評和責備。為了避免外界的指責，他們往往選擇先發制人，嚴苛地責備自己，以此來抵擋外界的批評。這樣的行為不僅僅是自我懲罰，還是一種策略性的心理防禦。透過先行自責，他們試圖獲得一種心理上的寬慰，避免來自他人的批評。這種策略在日常生活中並不少見，許多人在面臨可能的批評時，會先用自我批評來緩和局面。

　　小孩子把墨汁弄到了書上，因為害怕被罵，於是顯得特別沮喪，期望老師因為他的表現而寬恕他，甚至給予安慰。這種行為在某種程度上是一種策略。同樣，神經質患者的自我譴責也可能是出於策略性考量，儘管他們可能並未察覺到這一點。

然而，如果他們的自我譴責被他人識破，僅僅看到了表面的自責，而忽略了其背後的策略，他們會立刻變得警覺且防備。

值得注意的是，無論他們如何苛刻地譴責自己，一旦遭遇外界的批評，即便是輕微的，他們也會感到極端的憤怒，認為這種批評是不公正的，從而心生怨恨。這種強烈的反應揭示了他們內心深處對批評的恐懼，以及對自我形象的敏感。

這種自我譴責的心靈策略，無論是否被意識到，都反映了人們對自我保護的需求，以及對完美形象的執著。理解這種心靈策略，不僅有助於我們更容易理解神經質患者的心理，也讓我們在面對自己的不完美時，多了一份寬容和理解。

在面對責備時，人們常採用各種策略來保護自我。除了自我譴責，還有一種相反的策略，即主動進攻。這種策略展現了一句古老的格言：「最好的防禦就是進攻」。這種做法直接而有效，因為它揭示了隱藏在自我譴責表象後的深層傾向：否認自身的任何不足。對於那些習慣於攻擊他人的神經質患者來說，這種策略尤為常見。這些人往往不僅不懼於攻擊他人，反而在心底裡害怕遭到別人的指責。

事實上，害怕責罵別人是引發並助長自我譴責的另一個因素。在神經質中，這種恐懼發揮了不可低估的作用。一個神經質患者通常對他人懷有強烈的不滿，但又極其害怕責備他人。這種矛盾心態的根源常常可以追溯到童年，神經質患者可能對父母或其他權威人物懷有合理的怨恨。而在成年之後，這種責

怪他人的情緒則源於其特定的性格結構。

在理解這個情緒的成因時，我們需要考慮多種因素。首先，神經質患者往往對他人抱有不切實際的期望，當這些期望未能實現時，他們會感到受到了不公平的對待。此外，對他人的依賴也可能讓他們感到被奴役，進而產生怨恨。自我膨脹或表面正直的性格特質，讓他們容易感到被誤解、小覷或無端批評。為了維護一種無過錯的形象，他們可能會掩飾自身的缺陷，透過指責他人來轉移注意力。

這些防禦機制的運作，往往是潛意識的，神經質患者未必能清楚意識到。然而，這些機制卻深刻影響著他們的行為和情感反應。利他主義只是表面現象，實際上，他們可能會把別人的話視為侮辱，把別人的態度看作是一種強制。因此，理解這些防禦策略的運作原理，有助於我們更容易理解神經質患者的內心世界，以及他們為何在面對責備時會採取如此複雜的行為模式。這種理解不僅有助於治療，也對促進人際關係的和諧具有重要意義。

自責與指責：內心的隱祕角力

在我們的生活中，壓抑對他人的指責情緒往往有其深刻的心理根源。對於神經質患者來說，這種壓抑源於對他人的懼怕

和依賴。他們需要從他人那裡獲得保護、幫助，甚至是認同。然而，這種依賴使他們無法輕易表達對他人的不滿與苛責，因為這樣做可能會破壞他們精心維持的理性形象。於是，這些情緒被積壓在心中，形成一股強大的內在壓力，隨時可能以爆炸性的方式釋放出來。

為了避免這種潛在的危險，他們經常選擇自我譴責，把所有過錯歸咎於自身。這並不是因為他們真的相信自己有錯，而是因為這樣做可以暫時控制內心的焦慮與恐懼。自我譴責成為了一種心理防禦機制，幫助他們在面對生活中不可預測的挫折時，獲得一絲安全感。

這種行為背後隱藏著一個深層的哲理：總得有人為不利事件負責。在那些追求完美形象的人心中，這種責任感尤為強烈。他們無法接受生活的不可控和不可測，因為這樣的認知會讓他們感到無比的恐懼。他們生活在一種無形的恐懼中，彷彿頭上懸著一把隨時可能掉落的劍，時刻威脅著他們的安全感。

因此，當面臨困境時，無法指責他人的他們，唯有選擇指責自己。這種自責行為讓他們感到，儘管生活中有許多不確定性，但至少在某種程度上，他們仍然對自己的命運有一定的掌控。這種錯誤的控制感，讓他們得以在一個充滿未知和風險的世界中，找到一絲平靜與安慰。

然而，這種自責的模式並不能真正解決問題，反而可能加深他們的焦慮和無助感。真正的解脫在於接受生活的不可控，

並學會在這種不確定中找到自己的位置。只有當他們能夠面對現實，承認生活的複雜性和多變性，他們才能真正釋放內心的壓力，擺脫自責的枷鎖，走向內心的自由與平和。

在分析內疚感時，我們必須了解，這種情緒並非總能如表面所見那樣簡單。許多人將內疚感視為自我輕視的產物，然而這種觀點並不能解釋所有的情況。首先，內疚感可能是虛假的，並不代表真正的內疚。其次，有些情緒反應如恐懼、恥辱、憤怒等，並不一定與內疚感有直接關聯，而是被誤解或過度解釋了。

在我與佛洛伊德的學術分歧中，有關「超我」和內疚感的看法便是一個重要的分歧點。佛洛伊德認為，無意識的內疚感是治療某些嚴重精神病的主要障礙，而我則認為，患者常常因為表面上的完美而無法深入了解自己的問題。這種完美的假象成為他們的防禦機制，使得他們在接受分析治療時，將其視作最後的求救訊號，卻又堅持認為自己毫無問題。

這種自我譴責的行為實際上掩蓋了他們的真正弱點，讓他們自以為鎮定，彷彿真的擁有這種能力。然而，這樣的行為不過是麻痺了他們，使他們無法面對自己的真實缺陷。這些譴責成為他們獲得安慰的手段，讓他們相信自己並不壞，甚至越是良心不安就越覺得自己比他人善良。

然而，若他們真正渴望改變，就不應把時間浪費在自我譴責上。當他們不再感到指責時，便能從正向的角度理解自己，進而改變自己。遺憾的是，神經質的患者往往只會責備自己，

卻不採取任何實際行動。

因此，我們應該意識到，自我譴責不應成為自我改進的障礙，而是應該被轉化為正向的自我反省。唯有如此，才能真正突破內疚感的假象，實現內心的和解與成長。避免將所有的情緒反應歸因於內疚感，並在治療過程中，幫助患者逐步拆解那層表面完美的防禦，才能讓他們真正看見自己的內心，進而走向康復之路。

追尋完美與受虐狂的內心

在心理分析的領域中，理解個體對完美的苛求以及受虐狂現象的本質，是一項極具挑戰的任務。分析者的首要任務是幫助個體意識到，他們對自身的嚴苛要求往往缺乏理性基礎，只是表面上的追求，缺乏實質的內涵。這需要揭示出他們在外表完美與實際傾向之間的巨大差距，使他們能夠清晰地看到這種不平衡。

對完美的苛求，其實是一種心理上的病症，這些需求往往帶來負面的後果，值得深入研究。分析者需要仔細觀察個體在面對自身需求時的反應，並進一步分析這些需求的來源和作用，以及維持這種需求的因素。最終，個體必須意識到這些需求背後的真正道德問題。儘管這個分析方法比傳統方法更具挑戰性，但它提供了一個比佛洛伊德治療觀點更為樂觀的視角。

在之前的章節裡，我們進一步探討了受虐狂現象。通常，受虐狂被定義為透過受難來獲得性慾滿足的行為。這個定義包含三個關鍵條件：首先，受虐狂本質上是一種性慾現象；其次，它本質上是追求滿足；最後，它本質上是一種受苦的願望。這些條件可以用許多熟悉的事實來證明，比如，有些小孩在受到體罰時會感到性興奮；在受虐狂行為中，透過被羞辱、被奴役

或肉體虐待來獲得性慾滿足；受虐狂傾向者可能會因幻想受虐情景而手淫。

然而，這種展現性慾本質的受虐狂現象僅是冰山一角。我們缺乏資料來證明它起源於性，這個論點往往基於「性衝動」理論。受虐狂性格傾向或態度被視為某種性慾衝動的轉換。例如，一位婦女可能透過幻想犧牲來獲得滿足，雖然沒有明顯的性慾本質，但依舊被認為其最終根源於性，是性慾的衍生物。

這樣的分析不僅揭示了受虐狂現象的複雜性，也讓我們更深入地理解個體在追求完美與自我懲罰之間的心理掙扎。這種理解不僅是心理分析的核心，也是探尋人類心靈深處的關鍵。

在探討人類心理的複雜性時，佛洛伊德提出了一個耐人尋味的概念——「道德受虐狂」。這個概念涉及「自我」與「超我」之間的微妙關係，即「自我」為了迎合「超我」而主動尋求受難，從中獲得某種滿足或懲罰的快感。佛洛伊德認為，這種現象的根源仍可追溯至性慾的本質。他主張，「超我」是一種具體化的父母形象，而當受難的需求能夠消除對「超我」的恐懼時，便成為一種偽裝的「自我」向「超我」妥協的性慾受虐狂行為。

然而，這個理論引發了廣泛的質疑。許多人認為，佛洛伊德的假設過於偏頗，因為它將受虐狂現象簡化為性慾滿足的一種形式。事實上，其他學者也指出，受虐狂不僅僅是生理或心理上的滿足，而是包含更複雜的心理動機。弗朗茲·亞歷山大認為，受虐狂者的受難願望不僅僅是為了逃避「超我」的恐懼，

更因為他們相信，受難能讓他們體驗到某些被禁止的衝動。這種觀點揭示了受虐狂行為背後更深層次的心理需求——即在受難中找到某種違禁的自由和快感。

佛里茲・維特爾斯進一步指出，受虐狂的人常常否定自己的一部分價值，以期在更重視的另一部分中獲得安全感。他們似乎在痛苦中尋找快樂，這種矛盾的心理狀態反映了人類內心深處的某種分裂和掙扎。這個觀點與我的假設不謀而合：受虐狂的最終目的是尋求滿足感，透過受難來擺脫自我，從而在某種程度上獲得精神上的解脫。

受虐狂現象並非僅限於神經質患者，而是普遍存在於各種文化和社會背景中。它代表了一種被病理學文飾的狂歡傾向，揭示了人類心理中深層次的矛盾與衝突。透過這種探討，我們不僅能更容易理解受虐狂行為的根源，也能更深入地洞察人類心理的複雜性和多樣性。

重新解讀受虐狂的本質

　　在探討受虐狂現象時，我們常常面臨一個核心問題：這種行為是否真的源於對滿足的追求？簡單來說，受虐狂是否可以被界定為一種對自我遺棄的本質需求？在某些病例中，這種動機似乎顯而易見，但在其他情況下卻並不如此清晰。如果我們想堅持這種定義，即受虐狂的本質是對某種需求的赦免，我們需要另一個假設來支撐這個觀點：不論這種需求是否明顯，它都在暗中發揮著作用。

　　這類假設可能會讓我們陷入各種推測中。例如，某些理論認為所有受虐狂現象都必然具有性慾的本質，這樣的假設就是建立在這種基礎上的。再比如，或許我們從未意識到自己在追求一種虛幻的滿足。然而，若沒有實證資料的支持，依賴這樣的假設無疑會帶來風險。我認為，將受虐狂的本質視為對滿足的追求只是一種先入為主的觀念。若能摒棄這種觀念，重新審視受虐狂現象，我們或許能獲得更深刻的見解。

　　佛洛伊德本人也並未堅持這種單一的解釋。他曾提出，受虐狂是死亡本能與性慾內驅力的結合產物，這種結合具備某種保護功能，能防止個人陷入自我毀滅。儘管這個假設基於推測意味濃厚的死亡本能理論，未必可靠，但它引入了一個重要的

觀念：保護功能。

　　這個觀點值得我們深入探討。受虐狂行為是否可能是一種無意識的自我保護機制？在個體面臨內心矛盾和焦慮時，受虐狂行為或許是一種對抗自我毀滅的方式。這個假設提供了新的視角，讓我們重新審視受虐狂的本質，不再僅僅將其視為對滿足的追求，而是考慮其潛在的心理功能。

　　在接下來的討論中，我將致力於證明這個觀點，並探索受虐狂現象的複雜性，試圖在傳統觀點之外，尋找更全面的解釋。這不僅有助於我們理解受虐狂行為的動機，還能為個體提供更具建設性的心理干預策略。

　　在心理學的領域中，「受虐狂」這個詞常被用來描述一種特定的性格傾向，但其本質卻未被充分探討。受虐狂並非單純的追求痛苦，而是一種獲取安全感的特殊方式。這種性格特徵包括兩個主要的方面：自輕自賤與自我萎縮。

　　首先，受虐狂傾向的核心在於自輕自賤。這種傾向常常潛藏於個人的無意識之中，個人可能並未察覺這一點，只是感受到其結果。這種結果通常表現為對自我價值的否定，如感到自己不具吸引力、渺小、笨拙或無用等。這種對自我的貶低與自戀者的自我膨脹形成鮮明對比。自戀者往往炫耀自己的優點和能力，認為任何挑戰在他們面前都顯得微不足道，而完美主義者則相信自己能夠駕馭任何情況。相比之下，受虐狂者更傾向於否定自身能力，常掛在嘴邊的話是「我不行」，彷彿陷入了一

個孤立無援的境地。

其次,受虐狂者的這種自我萎縮傾向,讓他們在社交場合中更喜歡蜷縮在角落中,不願引起他人的注意。他們的行為模式與自戀者和完美主義者大相逕庭。自戀者希望成為眾人的焦點,完美主義者則因自己的高標準而與他人保持距離。然而,受虐狂者則選擇隱藏自己,避免被他人發現。

這種對自我的貶低和孤立,其實是受虐狂者的一種心理防禦機制。當一個人感到不安或焦慮時,受虐狂的傾向可能提供了一種奇特的安全感。透過誇大自身的缺點,受虐狂者能夠在一定程度上減輕面對外部壓力時的焦慮。他們的痛苦並非來自於外界的強加,而是源自於他們內心深處對自我價值的否定。

總而言之,受虐狂並不是單純的受苦願望,而是一種複雜的心理狀態,涉及自輕自賤和自我萎縮兩大方面。這種性格傾向的形成,不僅反映了個人對自我的矛盾認知,也揭示了他們在面對內外壓力時,尋求安全感的獨特方式。理解這一點,有助於我們更深入地探討受虐狂者的心理需求及其行為動機。

依賴的枷鎖:受虐狂的內心世界

受虐狂的依賴有著與自戀者和完美主義者截然不同的特質。自戀者依賴他人以獲得關注和嫉妒,這種依賴是為了滿足自我膨

脹的需求。完美主義者則將安全感寄託於符合他人期望上，表面上看似獨立堅強，實則深度依賴他人的認同。他們不願面對這種依賴，因為一旦被揭露，便會感到自尊和安全感受到威脅。

而對於受虐狂而言，依賴並非性格的附屬品，而是生存的必需品。他們無法想像沒有他人存在的生活，愛、友誼和關懷如同空氣一般不可或缺。受虐狂將他所依賴的人統稱為「夥伴」，這個「夥伴」可以是任何人，從家庭成員到宗教團體，無所不包。這種依賴並非出於選擇，而是一種根深蒂固的生存本能。

受虐狂否定了自己的獨立能力，將所有的期望寄託於夥伴身上——他們期待從中獲得愛情、名望、成功、關心與愛護。這種寄生性的期望並不為他們所意識到，他們認為這樣的依賴是理所當然的，並未察覺到這種關係的局限性。夥伴並非他們期望的最佳人選，卻成為他們生活的唯一依靠。

在這樣的依賴關係中，受虐狂感到命運的無常與無奈，認為自己是命運的傀儡，無法擺脫命運的束縛。他們對命運的看法帶有宿命論色彩，認為一切皆已注定，自己只能被動接受這種安排。

受虐狂的內心深處，潛藏著對獨立的恐懼與對依賴的渴望。他們的生命似乎被一種無形的枷鎖所束縛，無法掙脫，也不願掙脫。這種依賴的枷鎖，成為了他們生命中不可或缺的一部分，深刻影響著他們的生活方式與人際關係。受虐狂的依賴，不僅是對他人的依賴，更是對自身無能為力的深刻認知與無奈。

在心理學的領域中，受虐狂傾向、自戀傾向和完美主義傾向雖然表現不同，但其滋生的環境卻有著驚人的相似之處。這些傾向源於兒童時期受到的多重不利影響，這些影響共同作用，使得兒童的主動性、情感、意願和判斷力發生了扭曲。在這種情況下，孩子所感知的世界充滿了潛在的敵意。為了在這樣的環境中生存，他們必須找到一種有效的方式來保護自己，於是神經質傾向便應運而生。

神經質傾向包括自我膨脹與無原則的迎合他人，這些都是為了在充滿威脅的環境中獲得安全感。受虐狂傾向則是神經質傾向的一種更深層次的表現。這種傾向提供的安全感，對於個人來說，是真實而具有意義的。例如，完美主義者雖然未必真正適應了所處的環境，但這種傾向使他與他人之間的矛盾不再那麼明顯，從而讓他感受到一種堅強獨立的錯覺。

受虐狂傾向的安慰來自於依賴。對任何人來說，擁有可以依靠的朋友和親人，都是值得欣慰的。在這種傾向中，受虐狂者從依賴關係中尋找安慰，這種依賴並不超出一般人際關係的範疇。要理解這種傾向的特殊性，我們可以設想一個維多利亞時期的女孩。她在一個充滿庇護的環境中成長，依賴著他人，但她的世界是友善的。她用依賴和接納的態度來面對這個包容、友善、保護她的世界，不會因此感到痛苦，矛盾也不會更新。

受虐狂傾向的形成，與其說是個人的選擇，不如說是環境

的塑造。這種傾向幫助個體在一個充滿挑戰的世界中找到自己的位置，儘管這種位置可能是依賴性的，但對於受虐狂者來說，這種依賴本身就是一種安慰和保護。它讓他們在面對現實的困難時，能夠找到一種維持心理平衡的方法。當我們理解了這一點，就能更容易理解受虐狂傾向的根源及其在個體心理中的作用。

在敵意世界中的脆弱依賴

在這個充滿敵意的神經質世界中，人們感受到的更多是危險、殘酷、不公平和仇恨。生活在如此險惡的環境裡，一方面讓人感到孤獨無助，另一方面卻又不得不依賴這個世界，這無疑會讓人感到如履薄冰、手足無措。受虐狂者面對這種情境的策略是，竭力爭取他人的憐憫，就像無尾熊一樣緊緊依附在他人身上。儘管這樣做的代價是失去了自我，但透過與他人融為一體，他們從中獲得了某種慰藉。

這種尋求寬慰的方式猶如一個弱小國家在面對威脅時，向一個強大的侵略者俯首稱臣以尋求保護。然而，這個弱小國家心知肚明，自己並非因喜愛或尊崇這個大國才做出這樣的決定，而神經質患者卻往往誤以為自己的行為是出於愛、忠誠和奉獻。實際上，受虐狂者既沒有能力去愛，也缺乏信心相信夥伴或他人會愛他。他披著奉獻的外衣，內心深處卻是為了減輕焦慮而對夥伴無條件的依賴。

這樣的安全感如同一堵隨時可能坍塌的牆，他時刻忐忑於被拋棄的恐懼中。如果夥伴對他展現出友善的姿態，他會感到一絲寬慰。然而，當夥伴的注意力轉移到其他人或工作上時，他那無止境的關懷渴望便得不到滿足。這樣的情況可能讓他感

到自己有被拋棄的危險，從而陷入深深的焦慮。

在這種脆弱的依賴中，受虐狂者的生活充滿了不確定性和恐懼。他們的安全感建立在他人的關懷之上，這種不穩定的基礎使他們時刻處於焦慮的邊緣。要真正擺脫這種困境，受虐狂者需要重新審視自己的內心，建立起獨立的自我價值，從而不再依賴外界的保護來獲得安全感。唯有如此，他們才能在這個充滿敵意的世界中找到真正的平衡與安寧。

在這個充滿競爭和表現的世界中，有一種人選擇了與眾不同的生存策略，我們可以稱之為「謙遜安全」。這種安全感並不是來自外界的認同或物質的保障，而是透過自我貶抑和保持低調來獲得的。這些人如同小心翼翼的老鼠，總是躲在洞穴裡，避免成為眾人目光的焦點。他們選擇了不引人注目的生活方式，因為這樣能讓他們感到安全。

這種安全感的追求，常常讓他們在生活中感到如履薄冰。即使在工作中取得了顯著的成就，或者獲得了一個更有前途的職位，他們的第一反應往往是警惕和不安，而不是喜悅和自豪。他們害怕新的責任和期望會打破精心維持的平衡。當需要在公開場合表達自己的觀點時，這種焦慮更是無以復加。他們可能做出了重要的貢獻，但在分享這些成就時，他們卻感到不安，甚至懷有歉疚。

在成長過程中，這些人通常會在青少年時期表現出這種謙遜的傾向。他們避免穿著過於出色，以免在朋友中顯得突出。

他們害怕自己可能會引起他人的嫉妒或不滿，甚至懼怕被欣賞。這種心態讓他們難以接受讚美，反而更樂意貶低自己的成就。他們在獲得認同時，可能會感到不自在，因為這與他們長期以來形成的自我形象不符。

在工作中，尤其是需要創造性思維的工作中，這種自我貶抑的態度會成為一種障礙。創造性的工作需要堅持個人觀點和情感的表達，而這對於習慣於謙遜安全的人來說，無疑是一種挑戰。他們往往需要外界的鼓勵和支持，才能突破自我設限，完成工作。

總之，謙遜安全如同一把雙刃劍，它讓人遠離了不必要的風險和壓力，但也可能限制了他們的成長和表現。理解這種行為模式，或許能讓我們在面對這類人時，提供更多的支持和鼓勵，幫助他們在自我設限中找到突破口，迎接更多的可能性。

逃避的迷思：神經質患者的內心世界

在我們的日常生活中，常常可以見到一種被稱為「鼠洞」的態度。這種態度的頻繁出現，似乎並不與它所引發的焦慮成正比。這是因為一種機械式的防禦焦慮或逃避反應，讓個體陷入了一種僵化的生活模式。例如，當機會來臨時，他們常常會錯失良機，甚至完全忽視它們的存在。他們會找各種藉口，只願

意從事那些自己能力綽綽有餘的次等工作。即便在應該提出要求的情況下,他們也選擇沉默,對於真正喜歡的人和願意幫助他們的人,他們則堅持逃避。即便最終成功克服了種種困難,他們卻絲毫不覺得這是成功,無論是提出了一個新想法,還是完成了一項出色的工作,他們的思想都會迫不及待地貶低其價值。

這類人,即所謂的神經質患者,往往無法意識到自己有謙遜的傾向。他們所能感受到的,通常只是這種傾向帶來的結果。他們可能有意識地防禦,知道自己討厭受到關注,對成功持冷淡態度,甚至可能感嘆自己的軟弱、渺小和缺乏吸引力。他們或許常常感到自卑,但這些感受僅僅是他們逃避自我主張的結果,而非原因。

精神分析的文獻中,常常將這些軟弱、孤獨的生活態度歸因於被動同性戀傾向、內疚感或是想要回到童年的願望。然而,這些解釋往往使問題更加模糊。以「願望做回小孩」的理論為例,即便一個有受虐狂傾向的人常常夢見自己被母親抱在懷裡,或回到母親的子宮,我們不能簡單地斷言這些現象是因為他希望做回孩子。對神經質患者而言,做個孩子意味著弱小和無助。他之所以採取這樣的策略,是因為被焦慮的壓力所驅使。夢見自己成為嬰兒,並不證明他有成為嬰兒的願望。這些夢只是表達了一種渴望被保護、不必自力更生、不承擔責任的願望。這些願望的誘惑力極大,讓他們感到孤立無援。

因此,我們需要更深入地理解這些態度和行為背後的真正

動機，才能幫助這些神經質患者走出焦慮的迷宮，找到更積極的生活方式。

在我們深入探討受虐狂傾向的過程中，已經揭示出這種心理狀態的一部分真相：它是一種面對生活困境與潛在危險的特殊應對策略，旨在麻痺焦慮，即便這些危險往往是虛構的。然而，這種策略本身卻常常與內心的衝突相伴而生。

精神官能症患者往往因感到自己軟弱而輕視自己，這種自我輕視與文化因素造成的孤獨無助截然不同。以維多利亞時期的女性為例，她們可能因依賴而感到滿足，但這種依賴並不會削弱她們的幸福感與自信心。相反，這種柔弱的依靠態度被視為理想女性特質的一部分。然而，對於受虐狂而言，處於不同的文化模式中，他們顯然不會推崇這種依賴的態度。

受虐狂並不渴望孤獨無助，儘管這提供了一種特殊的達成願望的手段。他們追求的或許是利用這種手段獲得安全感。然而，這種追求不可避免地導致軟弱，這絕非他們的初衷。正如之前所指出的，在一個充滿潛在敵意的世界中，軟弱意味著危險。這種危險，加上他人對其軟弱的反感，使得精神官能症患者更加鄙夷自己的軟弱。

這種自我鄙夷引發了一種無休止的內心循環：軟弱帶來的惱怒不斷滋生，卻無法得到有效的發洩。生活中有無數原因能夠引發這種惱怒，甚至是偶然的小事。一般人可能不易察覺這些原因，但精神官能症患者卻記憶猶新。例如，他們可能因未

能堅持自己的觀點、缺乏勇氣表達願望、屈從於本想抗拒的事物、太晚識破他人的陰險、未能在適當時機採取堅決態度而感到憤怒。這些未實現的期望和未抓住的機會不斷加深他們的內心衝突。

在這種情況下，他們可能選擇生病作為逃避困難的手段，這進一步加劇了他們的內心矛盾。受虐狂的內心衝突因此不斷循環，成為一個難以破解的心理迷宮，帶來持續的焦慮與不安。

幻想中的自我與現實的落差

他常常因為自己的軟弱而屢次碰壁,這也成了盲目崇拜權威的原因之一。那些態度強硬、得勢不饒人的人,無論其品行如何,都令他崇拜不已。他對那些勇於撒謊或欺騙他人的人,和對那些敬業、大義無畏之人的敬意,竟然是等同的。這是心靈世界的一場災難,而這場災難又引發了另一個後果,那就是「意淫」的滋生。

在幻想中,他成為了那個能夠直言不諱地對老闆或妻子說出自己看法的人;在幻想中,他是一位創造歷史的風華絕代的有為青年;在幻想中,他是偉大的發明家、偉大的作家……這些幻想雖然能帶來短暫的安慰,但最終卻加劇了他心中的落差感。

在受虐狂的依賴關係中,他對夥伴其實是充滿敵意的。這種敵意主要來自三個方面。首先,精神官能症患者對夥伴寄予過高的期望。他們自己缺乏活力、勇氣和主動性,便暗示性地向夥伴發出期望,希望得到關懷、幫助、負責、風險規避、生活開銷、榮譽、名望等。實際上,他們是想寄生在夥伴的生活中,儘管他們自己並未意識到或不願意承認這一點。

然而,這些期望往往不切實際,對於那些擁有自我、維持

獨立的夥伴來說，是不會滿足這種期望的。如果受虐狂者意識到自己對夥伴的要求有多高，那麼當他對夥伴失望時，所產生的敵對反應與失望程度的比例就會嚴重失衡。他會因為期望落空而持久地生悶氣。

但他不會把這種憤怒表現在表面上，反而會裝得如小孩子般天真、可憐。這其實也是他生氣的表現，是一種未達成目的的不甘心，只是在頭腦中被扭曲了。原本因期望而自私、不體諒，卻反過來覺得自己被同伴拋棄、玩弄、羞辱。最終，那毫無正當理由的憤怒，演變成對「十惡不赦」的他人的憤慨。這種情感的錯位，使得他在現實中更加孤立無援，難以自拔。

受虐狂者的內心世界常常被矛盾的情感所充斥，這使得他們在社會交往中處於一種難以自拔的困境。一方面，出於對自身安全的考量，他們習慣於奉行「無所謂」的信條，似乎對周圍的一切漠不關心。然而，這種表面上的冷漠掩蓋不住他們內心的敏感脆弱，甚至對於別人的輕微忽視或不敬，他們都會在心底燃起盛怒，只是選擇將這種情緒壓抑在心中而已。

即便是面對他人真誠的友善，他們也往往無動於衷，這並非冷酷無情，而是因為他們早已習慣於覺得自己微不足道，並篤信他人也抱持同樣的看法。這種自我矮化的心態，使他們在依賴與憎恨他人的矛盾中愈陷愈深。他們需要他人，卻又對他人心存敵意，這種複雜的情感在他們對待他人的尖刻態度中不斷加劇。

更深層次的敵意來自於對距離的敏感。受虐狂者無法忍受與夥伴的疏遠，更別提分離。這種對距離的恐懼讓他們感覺自己像個被束縛的奴隸，必須接受夥伴提出的任何條件。他們痛恨這種依賴，視之為恥辱，即便夥伴對他們再體貼，他們內心深處依然會產生抵抗情緒，似乎夥伴就是那張網，而自己則是被困住的獵物。

這種情形在婚姻生活中尤為常見，夫妻雙方常因為同樣的心態而互相指責對方的控制慾，這種敵意偶爾會爆發，但大多數時候，它如同陰影般伴隨著受虐狂者，成為一種無法擺脫的危險。這是因為他們既無法忍受沒有夥伴的孤獨，又害怕與夥伴的親密。敵意的增強會帶來焦慮，而焦慮反過來又加重了對夥伴的依賴，形成一個難以打破的惡性循環。

因此，受虐狂者的特定人際關係衝突，從根本上說，是依賴夥伴與敵視夥伴之間的矛盾所致。這種矛盾的糾結，使得他們在情感的泥沼中掙扎，難以自拔，陷入永無止境的痛苦之中。

受虐狂的隱祕呼聲

在我們的生活中，受虐狂傾向以各種方式顯現，無論是在追求願望、發洩敵意還是逃避困難時，都會受到這些傾向的影響。它們不僅決定了一個人如何滿足精神官能症的需求，如控制慾或外表完美的需求，還會影響到他的性生活，因為這些傾向決定了他能夠獲得的滿足程度。討論這些不同生活領域中的具體受虐狂特徵時，我們會發現受虐狂者常常以特定的方式來表達他們的願望。

受虐狂者表達願望的方式不同於常人，他們往往透過誇大自己的困境和需求來引起他人的注意和同情。例如，一名業務員可能不會直接強調產品的價值，而是訴說自己急需佣金的困境；一位音樂家在求職時可能不會強調自己的技藝高超，而是訴苦自己需要賺錢養家。這種表達方式猶如絕望的呼喊，意在喚起他人的憐憫和幫助。

這種策略的潛臺詞是將道德責任轉嫁給聽者，彷彿在說：「我這麼可憐，都絕望到了這個地步，你還不幫幫我嗎？」、「如果你不幫我，我就真的沒救了。」、「這個世界上除了你，我再沒有可以依靠的人，你一定要看在我可憐的分上幫幫我。」這些話語無形中施加了壓力，讓聽者感到有義務伸出援手。

清醒的精神病學觀察者會注意到，受虐狂者為了達成某種意願，往往不自覺地誇大自己的痛苦和需求。這個策略是受虐狂者典型的表現方式，他們藉由展示自己的無助和可憐，來獲得他人的關注和滿足自己的需求。這種現象提醒我們，受虐狂者的行為背後隱藏著深層的心理動機，值得深入探究和理解。

受虐狂的行為模式往往讓人費解。他們似乎總是採用一種看似低效的策略：透過自我的孤獨和可憐來獲取他人的關注和同情。然而，這種策略的有效性有限，甚至會隨著時間的推移而失效。當他們的懇求不再引起同情時，受虐狂者可能會選擇更新攻勢，如以自殺相威脅。然而，這種威脅也有失效的一天。因此，僅僅將這種行為視為策略是不夠的。

要深入理解受虐狂的心理，我們需要意識到，在他們的潛意識中，世界是一個冰冷無情的地方，缺乏真正的仁慈和無私的慷慨。他們相信，只有透過施加壓力才能獲得想要的東西。另一方面，受虐狂者普遍認為自己沒有權利為自己爭取任何東西，所有的願望都必須有「正當」的理由。於是，他們利用自己的孤獨和無助作為籌碼，認為自己有權要求援助。

在這場持續的內心衝突中，受虐狂者的表達方式大抵固定不變。無論是以平和的方式還是激烈衝突的方式，他們的行為模式依然圍繞著孤立和受苦的自我形象，將自己視作殉難者和受害者。在這種狀態下，他們的敵意表達也獨具特色：他們幻想自己遍體鱗傷，甚至願意在傷害者的門檻上自我犧牲，透過

這些殘酷的幻想來發洩內心的敵意。

受虐狂者的內心世界充滿了矛盾和掙扎。一方面，他們渴望獲得他人的關注與支持；另一方面，他們又深陷於自我否定的泥淖中，認為自己不值得擁有這些。這種內心的矛盾驅使他們不斷以自我犧牲的方式來呼求援助，幻想在這種痛苦的泥潭中獲得解脫。最終，受虐狂的呼救並不是單純的策略，而是他們內心深處對於一個冰冷世界的無聲抗議。

受虐與施虐：心理深淵中的雙面鏡

在心理學的複雜領域中，受虐狂和施虐狂的關係如同一枚硬幣的兩面，彼此交錯，難解難分。受虐狂式的敵意不僅僅是一種防禦機制，它同時也暗藏著施虐狂的特性。施虐狂，顧名思義，是指一個人利用其優勢去折磨他人，或讓他人陷入無助的境地，以此獲得心理上的滿足。這種滿足感與仇恨的壓抑和內心的軟弱密切相關，彷彿是一個奴隸的復仇夢想，他渴望看到他人在自己的控制下顫抖不已。

這樣的施虐狂傾向常常在受虐狂者身上找到根源。由於種種原因，他們感到軟弱，心中充滿了被羞辱和壓迫的憤怒，渴望以眼還眼、以牙還牙。佛洛伊德曾提出，受虐狂與施虐狂之間存在著內在的連繫。他認為，受虐狂行為是施虐狂行為的

內傾表現。這意味著，讓他人受苦的衝動在某些情況下會指向自身，成為自虐的行為。佛洛伊德的後期理論仍然支持這個觀點，視受虐狂行為為性慾本能和破壞慾本能的結合體。

這個理論提供了一種可能性，即受虐狂的傾向可能先於施虐狂的出現。從臨床觀察來看，受虐狂的基本結構確實能滋生出施虐狂的傾向。然而，我們不能輕易下結論，因為施虐狂的傾向並不僅僅是受虐狂傾向的延伸。這些傾向可能在任何因非神經質因素而感到軟弱和受壓抑的人身上表現出來。

這種心理現象揭示了人性中的矛盾和複雜。受虐狂和施虐狂之間的界限並不明確，它們常常交織在一起，形成互為表裡的心理結構。理解這種結構，不僅有助於心理治療，還能讓我們更深入地洞察人類的內心世界。正如佛洛伊德所暗示的，這些衝動的轉向和表現，正是人類心理深淵中的雙面鏡，對映出我們內心深處的軟弱與渴望。

在生活的旅途中，我們常常會遇到各種困難與挑戰。這些困難可能會讓我們感到畏縮，但這並不一定意味著我們是受虐狂。要判斷一個人是否具有受虐狂傾向，還需要仔細觀察他所面對的困難類型，以及他如何應對這些挑戰。

受虐狂者的畏縮和依賴是強烈且強制性的。他們往往把微不足道的問題視為難以踰越的障礙，特別是在涉及個人意願或責任和危險的情況下。他們的反應通常是「我做不了」，這種言語中往往夾雜著深深的恐懼，擔心一旦行動就會受到傷害。

這類人面對困難時，常常選擇逃避，而非迎接挑戰。他們擅長找藉口拖延，尤其是以生病為由，來逃避繁重或讓人焦慮的工作。當需要考試或向上司匯報時，他們可能會因憂慮而真的生病，或者至少希望出現一些意外，好讓自己可以暫時逃離現實。

　　此外，當家庭狀況混亂，需要處理時，他們往往選擇麻木地等待事情自行解決，而不是主動尋找解決方案。他們不會靜下心來思考和面對現實，結果是問題不但沒有得到解決，反而讓自己陷入更深的危機感中。

　　這種逃避困難的態度，使他們感到愈加軟弱，這種感覺遠超過實際的軟弱，因為他們錯失了在戰勝困難的過程中獲得力量的機會。面對困難，我們需要的是勇氣和毅力，而不是逃避。只有正視挑戰，積極尋找解決之道，我們才能在困境中成長，變得更加堅強和成熟。

　　面對困難，我們需要學會如何以正向的態度迎接挑戰，而不是任由恐懼和懶惰支配自己。這樣，我們才能在困難中學會成長，獲得真正的勇氣和力量，最終在生活的道路上走得更遠、更穩。

受虐狂與神經質的共舞

在探索神經質與受虐狂傾向的交織時，我們發現它們之間的關係常常充滿了矛盾與掙扎。受虐狂傾向的個體，往往在自戀與自我輕視間徘徊，他們害怕被自我輕視淹沒，於是耗費大量時間在幻想中尋求庇護。然而，當他們同時擁有一個神經質的抱負時，這種內在的衝突就更加複雜。

這類抱負通常涉及一種對偉大成就的渴望，但現實中的自我卻感到無法達成，這種落差帶來了巨大的心理壓力。受虐狂者在此面臨兩難：一方面，內心的抱負激勵他們追求成功；另一方面，謙遜和自我懷疑又讓他們對成功心生畏懼。這種矛盾心理讓他們陷入了一種無法逃脫的困境。

為了應對這種困境，受虐狂者往往會採取一種折中的方式，那就是為他們的失敗尋找藉口。他們將不成功歸咎於外部因素，如環境的限制、他人的阻撓、甚至是自身的某些特質。例如，一位女性可能會將她在職業上的失敗歸因於性別障礙，認為作為女性，她無法突破日常事務的枷鎖去實現創造性的工作。

類似地，一個希望成為電影明星卻又不敢踏上舞臺的女孩，可能會將她的猶豫不前歸因於自己的身材不夠理想。而另一位在演藝事業中屢屢碰壁的女性，則可能將她的挫折歸咎於他

人的嫉妒和排擠。同樣地，有些人認為自己的家庭背景不佳，或是缺乏親友的支持，才導致了他們在追求夢想的道路上屢遭失敗。

這些藉口不僅幫助受虐狂者在精神上尋找慰藉，也讓他們得以在心理上維持一種脆弱的平衡。然而，這樣的策略雖然暫時緩解了內心的矛盾，卻也讓他們更難以正視和解決根本的心理問題。受虐狂與神經質的共舞，是一場充滿矛盾的心理遊戲，個體在其中掙扎著，尋求自我認同與成就感的平衡。

在精神分析的領域中，有一類患者對於疾病有著特殊的執著，這種執著並非來自於對健康的渴求，而是對於某種慢性病的期盼。這些患者往往未必意識到自己對生病的熱切期望，但他們會極其敏感地捕捉任何微小的身體異常，並將其放大至某種嚴重疾病的程度。比如，心跳稍異常便聯想到心臟病，多上幾次廁所就懷疑自己患上糖尿病，肚子痛則立即聯想到闌尾炎。這種過度關注自身健康的狀態，常常是疑病症恐懼的核心要素之一。

這類患者在心中將自己的症狀與疾病緊密相連，因為生病對他們來說有著隱藏的好處。這種好處不僅僅是外在的同情與關注，更是一種內在的心理庇護。他們常常抱怨他人懷疑自己沒有生病，這種抱怨並非無的放矢，而是源於他們對於疾病的某種需求。神經質障礙成為他們逃避現實的藉口，這種藉口的存在使得治療變得複雜而困難。

患者對康復的態度充滿矛盾。他們一方面渴望擺脫病痛，另一方面卻不願意失去疾病所帶來的藉口。這種矛盾使他們害怕面對現實的考驗，因為他們深知，一旦康復，便無法再以病症作為掩蓋自己能力不足的理由。努力追求成功在他們眼中似乎是一種自我折磨，因為他們對未來的成就感到缺乏吸引力。

這種現象在精神分析中有時被解釋為一種不願改變現狀的需求，比如受難需求。然而，這種解釋並不能完全揭示問題的本質。事實上，當患者身處療養院或遠離日常壓力時，他們的狀態往往會有所改善，因為此時他們不再面對壓力和責任。這表明，他們的問題並非來自於單純的受難需求，而是對於現實的逃避與對理想的幻想。

總之，這些患者在疾病中尋找庇護，既希望康復，又不願放下疾病帶來的心理安慰，這種矛盾的渴望使他們在康復的道路上徘徊不前。只有透過深入的心理分析和理解，他們才能真正擺脫這種心理枷鎖，走向真正的康復。

受虐狂的權力遊戲：內心的矛盾與操控

受虐狂傾向有時會與權力和控制的慾望交織在一起，成為一種複雜的心理模式。這種模式的核心在於，受虐狂者透過自己的痛苦和無助來實現一種微妙的控制。這種控制並不是直

接的，而是透過激發他人對其絕望、沮喪和孤獨的恐懼來實現的。親友們往往因為不願激起這些負面情緒而選擇屈從，然而他們也常常能識破這種行為背後的策略意圖。

心理學家艾爾弗雷德·阿德勒曾指出無意識策略在這種心理結構中的重要性，這是一項重大的貢獻。然而，僅僅將這種行為視為無可挑剔的策略卻顯得過於簡化。要真正理解受虐狂者為何執著於某一目標，並堅持以特定方式達成目標，我們必須全面分析其內心結構。

此外，受虐狂傾向與對完美外表的強迫性需求也有著密切的連繫。佛洛伊德提出，自我譴責與完美需求的結合，是由於「超我」的懲罰力量導致的受虐屈服。然而，這些傾向並不直接表現為受虐狂，而是取決於性格結構中的其他因素。這些因素可能會在受虐狂傾向明顯的人身上表現出來，使得自我譴責成為一種形式上的自我懲罰。

在這種情況下，受虐狂者沉溺於內疚感，透過體驗痛苦來尋求某種補償。與正常人面對內疚時會坦然承認過失並努力改正不同，受虐狂者缺乏這種內在的能動性。他們的內疚感不是促使他們改善自我的動力，而是一種用來維持其心理控制的工具。

總之，受虐狂者的心理結構複雜而矛盾，他們透過受苦和自我譴責來操控他人，這種操控並非基於惡意，而是深植於其性格結構中的一種無意識策略。理解這一點對於我們在心理學

上解碼受虐狂行為至關重要。這不僅幫助我們更容易理解這類行為背後的動機,也為如何與之相處提供了新的視角。

受虐狂傾向的形成,不僅僅是個體心理的結果,更深層次地反映了一種文化模式的影響。在歷史和宗教中,受苦常被視作一種獲得救贖的途徑。基督教教義中,苦難被視為贖罪的方式,這種理念在一些文化中深植人心。即使在法律制度中,懲罰罪犯的方式也曾以讓其受苦為主,僅在近代才逐漸被教育和改造的理念所取代。

這種文化模式與受虐狂的心理結構有著驚人的相似之處。受虐狂者往往自願承受痛苦,視之為一種自我懲罰的形式。他們熱衷於自我譴責,將其視作自我鞭策的手段。然而,這種行為並非出自真正的內疚,而是為了維持自我完美的形象,是一種強迫性完美需求的表現。

受虐狂者所獲得的滿足感,無論是性慾的還是非性慾的,都受到其基本心理結構的影響。性慾的滿足展現在受虐狂幻想和反常行為中,而非性慾的滿足則展現在對痛苦和無用感的沉溺中。這種滿足感的來源,讓人感到困惑。要理解為何受苦能帶來滿足感,我們必須意識到,幾乎所有能夠產生滿足感的途徑,都與受虐狂的類型息息相關。

受虐狂者通常會避免參與那些具有建設性的、需要自我主張的活動,因為這些活動會引發焦慮,從而摧毀他們的滿足感。他們不太可能因個人成功或他人認可而感到快樂,因為他

們有強制性的謙卑。他們也不太可能心甘情願地為某項事業而奮鬥，這是因為他們既焦慮多疑，又嚴重以自我為中心；但同時，他們又缺乏自己的立場，依賴於他人或所謂的「夥伴」。

因此，要讓受虐狂者發自內心地投入某項事業或信任某人，幾乎是不可能的。他們的生活被焦慮所主導，缺乏自主性，這使得他們難以在現實生活中找到真正的滿足感。他們的內心世界充滿了矛盾，既渴望自我懲罰，又無法真正解脫。這種心理結構的形成，既是文化影響的結果，也是個體心理困境的深刻反映。

極端依賴：受虐狂的心理迷宮

在愛情的迷宮中，他既無法自發地愛他人，也無法接受這種無法愛的現狀，這種內心的矛盾必然給他的情感生活帶來深重的傷害。他需要依賴某些人來滿足自身的需求，然而，他卻無法與他人產生真正的共鳴，無法在興趣、需求和規劃上達成一致。這種缺乏自發情感的狀態，使得他在愛情與性生活中本應獲得的滿足感被嚴重扭曲和削減。

在這種情況下，他們只能走上尋找安全感的道路，這條路我們並不陌生，因為它充滿了依賴與謙遜的特徵。然而，僅僅依靠這些，並不能帶來真正的滿足。觀察顯示，只有當這些態

度走向極端時，他們才能體驗到一絲滿足感。比如，受虐狂在性幻想或變態性行為中，除了屈從於伴侶之外，還沉浸在自我創造的世界裡，享受被強暴、折磨、羞辱、奴役的感覺。同樣地，當謙遜達到極端時，也能帶來滿足感，比如沉溺於自我鄙視，將自己迷失在「愛情」或犧牲中，忘卻自我，喪失尊嚴。

為什麼必須透過走極端才能獲得滿足呢？這就像是對伴侶的依賴，雖然依賴對受虐狂者來說是一種生存條件，但這種依賴並不能帶來真正有分量的滿足感。相反，依賴往往帶來更多的衝突和痛苦的經歷。我們必須拋棄常規的錯誤認知，痛苦和衝突並不是受虐狂者所追求或喜歡的。他們和正常人一樣，對這些經歷感到痛苦，只是他們認為這些是無法避免的。

在探討受虐狂的心理結構時，我們曾經提到過，使受虐狂關係不合拍的原因之一是他們對依賴的厭惡；他們對伴侶的期望過於極端，最終導致失望和怨恨；他們總覺得自己受到了不公平的對待。這種對極端的追求，無疑是他們在尋找滿足感過程中的一個心理迷宮。

在受虐狂者的心理世界中，痛苦不僅是伴隨而來的陰影，更是一種獲得滿足的途徑。受虐狂者常常在衝突與痛苦之間掙扎，而這種衝突主要是來自於內心的矛盾：軟弱與強大、主張與退縮、自輕與自大的對立。為了解決這些衝突，他們選擇了一條獨特的道路，那就是在反常行為和幻想中放棄自尊心、尊嚴和力量，讓自己成為一個毫無自我的依附者。

對於受虐狂者來說，痛苦成為了一種麻醉劑。在身心的掙扎中，他們發現，透過加劇痛苦並完全臣服於痛苦，他們反而能夠緩解精神上的苦痛。當他們變成夥伴手中的工具，並體驗到來自夥伴的悽慘時，他們可以從中獲得性滿足。這種滿足並不僅僅是因為痛苦的麻痺，而是因為在羞辱的深淵中，輕視自我的痛苦被轉化為一種滿意的性體驗。

大量的觀察顯示，當情感完全沉浸於痛苦之中時，那些本來無法忍受的痛苦反而得到了緩解，甚至轉變成了一種快感。一位善於自省的患者深刻地體會到這一點。他描述道，當他遭受鄙視、責備和挫折時，雖然明知這些是痛苦的，但他卻甘願讓自己深陷其中。對他而言，悲傷成為了一種不可抗拒的誘惑。他隱約知道自己有能力走出痛苦，但卻不願意走出，因為在那悲慘的深淵中，他找到了某種難以名狀的滿足。

當受虐狂傾向與完美主義相結合時，他們面臨的痛苦更為複雜。偏離完美形象所帶來的痛苦，往往也用相同的方式來解決。知道自己犯了錯會讓他們感到痛苦，但透過加劇這種痛苦，讓自己沉迷於自我譴責或羞恥的情感中，這種痛苦反而被麻醉了，並且從中獲得了一種自我輕視的滿足感。這類受虐狂式的滿足，雖然與性慾無關，但卻同樣深刻地影響著他們的內心世界。

痛苦的辯證法：在極致中尋求解脫

　　為什麼人們會選擇加劇自己的痛苦來緩解心中的煎熬？這個看似矛盾的現象其實蘊藏著一種獨特的心理機制。當一個人陷入自願加劇痛苦的狀態時，這種痛苦並不會帶來明顯的好處或引發旁觀者的同情，更不會讓個體將自己的不快轉嫁給他人。然而，對於精神官能症患者來說，這樣的痛苦卻能提供一種不同的益處。

　　假如一個人心懷雄心壯志，認為自己與眾不同，當他在競爭中失利，或在情感上遭遇挫折，或不得不承認自己的弱點時，這種失落感會變得難以承受。但若他對自己的評價本就低微，成功或失敗、優越或卑微似乎便不再那麼重要。當一個人選擇沉迷於痛苦或自卑，並極力誇大這些感受時，那些不快的經歷會失去一些現實感，從而緩解難以忍受的內心刺痛。

　　這種現象背後的運作機制，與辯證哲學中的一個基本原理相似：量變引起質變。對於痛苦而言，當其強度達到某個極致時，反而可能產生麻木效果，如同鴉片般讓人暫時忘卻痛苦。這種自我滿足的方法依賴於一種徹底的沉迷或著迷。

　　進一步分析，這種現象與人類一些熟知的經驗有關聯。無論是對大自然的嚮往、對音樂的痴迷，還是對事業的熱衷，這些都可能引發類似的心理狀態，從而引領人們進入宗教狂熱、性慾放縱或情感崇拜的境地。尼采將其稱為狂歡傾向，視其為

人類獲得滿足的基本途徑之一。人類學家如露絲·潘乃德指出，許多文化中都存在這種模式。

在受虐狂者身上，這種傾向表現得尤為明顯。由於其基本心理結構不允許其他形式的滿足，他們往往沉迷於痛苦的依賴，或陷入自我鄙夷的深淵。在這樣的心理機制中，痛苦不再僅僅是讓人畏懼的存在，而是成為一種能夠提供解脫的途徑，儘管這種解脫是透過極端的方式獲得的。這是一種在極致中尋求解脫的辯證法，揭示了人類心理的複雜性以及痛苦背後潛藏的深層動力。

在探討受虐狂現象時，關鍵在於理解其深層的性格結構，而非僅僅將其視作追求性慾滿足的具體行為。受虐狂者所展現的行為，無論是自願經歷痛苦，還是從中獲得快感，都只是一種表象。真正的核心在於他們內心深處的恐懼與孤獨感，這些情緒驅使他們以謙遜和依賴的方式來面對生活的挑戰和危險。

這種性格結構的形成，源於對基本需求的反應。受虐狂者並不樂於受苦，相反，他們如同常人般希望避苦趨樂。然而，他們的性格結構卻將他們引向痛苦，將痛苦視作一種自我保護的手段，以此對抗內在的脆弱與不安。

受虐狂者的行為模式，包含了對維護自身意願的方式、表達敵意的方法、為失敗辯解的理由，以及應對其他神經質需求的策略，這些都深深植根於其性格結構中。這種結構決定了他們追求滿足的方式，即在痛苦和自我鄙夷的過程中，獲得一種

癲狂的快感。這種快感並非來自痛苦本身,而是源於在痛苦中尋找自身價值和存在感的過程。

因此,理解受虐狂的性格結構對於治療至關重要。在治療過程中,需要仔細闡明其性格傾向,並揭示出這些傾向與其相對立的需求之間的衝突。只有透過深入的分析,才能幫助受虐狂者意識到自身行為背後的驅動力,從而在不斷的自我探索中,找到一條通向內心平和的道路。

受虐狂現象的複雜性在於其性格結構的多層次性,這使得單純從行為表現去理解往往流於表面。真正的突破在於揭示潛藏於內心深處的情感動力,並在此基礎上,幫助他們重建與自我和世界的健康關係。這不僅是對受虐狂者的治療之道,更是對人類心靈複雜性的深刻洞察。

探索受虐狂的核心驅動力

當我們深入探討受虐狂現象時，關鍵問題是：受虐狂究竟是一種追求性慾滿足的具體行為，還是更廣泛的追求滿足的行為？或者，它是否是一種透過受苦來獲得滿足的獨特方式？經過深思熟慮，我的結論是，這些追求僅僅是受虐狂現象的表象，而非其核心驅動力。受虐狂者的核心追求在於對抗生活中的恐懼與孤獨，這驅使他們依賴謙遜與依附來尋找安全感。

受虐狂者的性格結構源於一種基本需求，這種需求影響著他們如何維護自己的意願、表達敵意，乃至如何為自己的失敗辯解，以及應對其他神經質需求。這種性格結構不僅決定了他們追求滿足的方式，也決定了他們所追求的滿足究竟是什麼。受虐狂的性慾幻想和反常行為，皆受制於這個基本結構。

值得注意的是，受虐狂的反常行為並不能用來解釋其性格結構，但可以透過理解這種性格結構來解釋其反常行為。受虐狂者並非天生願意承受痛苦，他們與普通人無異，只是因為性格結構的影響，導致他們不可避免地陷入痛苦之中。他們偶爾獲得的滿足並非源自痛苦本身，而是來自於在痛苦與自我鄙夷的深淵中獲得的瘋狂快感。

因此，對受虐狂者的治療重點在於揭示其性格傾向，細緻

入微地分析每一個細節,從而展現出這些傾向與其相對立的內在衝突。透過這樣的心理剖析,受虐狂者才能逐步意識到自身行為背後的深層驅動力,從而找到擺脫痛苦的途徑。這不僅是對他們個人心靈的療癒,也是對其生活品質的深刻改善。

精神分析療法是一種深奧且複雜的治療方式,其理論基礎對於療程的影響至關重要。這門療法並非出自直覺或常識,而是建立在對人類心理深層結構的理解之上。每一次新理論的誕生,無疑都會為治療方法帶來一場革新。在這章中,我們將探討精神分析治療中具體的工作內容、治療目的、以及患者和分析者所面臨的種種阻礙。

為了理解精神分析的目標,我們需要先了解神經質的基本構成。少年時期的成長環境往往充滿了不利因素,這些因素交織在一起,使得個體在與他人相處時遭遇困難,甚至無法正確地看待自己。這些因素的綜合作用,產生了一種深層次的情感狀態,我們稱之為基本焦慮。基本焦慮是一種複雜的感受,讓人感覺自己置身於一個危機四伏、充滿敵意的世界中,無助、孤獨且脆弱。

面對這種焦慮,小孩必須找到應對的方法,而這些方法往往是其所處環境所賦予的。我稱這些方法為神經質傾向,因為它們對個人來說是必須嚴格遵循的,似乎只有這樣才能在生活中自我保護,避開潛伏的危機。雖然其他應對方式可能帶來滿足感,但同時也會引發焦慮,因此個體不自覺地依賴於神經質

傾向，將其視為唯一的安全和滿足來源，逐漸被其控制。

神經質傾向還有一個重要功能，即讓個體發洩對世界的怨恨。這種情感的表達雖然在短期內可能提供某種程度的心理紓解，但長期來看，卻使得個體難以真正解決內心的焦慮和痛苦。因此，精神分析的目標之一，就是幫助患者辨識和理解這些神經質傾向，並逐步減少對其的依賴。

治療的過程中，患者和分析者共同面對的阻礙是多方面的。患者需要放下防禦，正視內心的恐懼和不安，而分析者則需在支持與挑戰中找到平衡，幫助患者在自我探索的過程中，獲得解放。透過對精神分析的深入理解，我們能更好地幫助患者克服困難，迎接一個更為自由和健康的心理狀態。

神經質傾向的雙刃劍

　　神經質傾向，雖然在某些方面能夠為個人提供短暫的價值，卻往往對一個人的長期發展造成不利影響。這種傾向所帶來的安全感猶如泡沫，稍有不慎，個人就可能陷入焦慮的泥潭，難以自拔。越是如此，個人越是固執地以不變的方式來應對新的焦慮，猶如飲鴆止渴一般。這種矛盾的追求可能從一開始就存在，或者某個固執的追求引發了另一個對立的追求，甚至某種神經質傾向本身就暗含著衝突。這些不協調的追求大大增加了焦慮的機會，因為不協調本身就意味著危險，兩種追求互相敵對，讓個人愈發遠離安全。

　　此外，神經質傾向還使人與自己疏遠。這個事實，加上固執的人格結構，對個人的創造力造成了損害。或許他仍有工作的能力，但真正源自內心的富有生機的創造力泉源卻被阻塞。由於獲得滿足感的機會十分渺茫，且通常只是局限於某個狹小的範圍，個人因此會變得怨念重重。

　　神經質傾向的初衷是為了提供與他人交往的機會，但實際上，它們卻進一步損害了人際關係。這是因為神經質傾向助長了對他人的依賴，並且激發了各種敵對反應。這種依賴性增加了個人在社交中的脆弱性，因為他不得不依賴他人來獲得短暫的安全感，而這種依賴又往往伴隨著對他人的不信任和敵意。

因此，神經質傾向成為了雙刃劍，一方面似乎提供了某種短暫的安全感和社交機會，另一方面卻深刻地破壞了個人的內在和外在的和諧。由此可見，為了真正的成長和幸福，個人需要學會正視並調和這些內在的矛盾，追求穩定且健康的心理狀態。這樣，他才能真正擺脫神經質傾向的束縛，找到內心的平靜和創造的自由。

在心理學的研究中，神經質被視為一種複雜而多變的人格結構，其核心特徵是帶有強烈的強迫性，這種特質常常導致內部衝突和焦慮，進而影響個體與他人的關係和自身的成就。這種人格結構的發展，不僅僅是因為單純的症狀表現如恐懼、壓抑或疲憊，而是更深層次的性格傾向的外在表現。

在探討神經質與人格結構的關聯時，我們必須意識到，神經質症狀與性格之間的連繫並不總是顯而易見。舉例來說，精神官能症患者的怯懦可以明顯追溯到其性格傾向，但他的懼高症卻不一定如此。懼高症可能只是性格傾向的一種具體化表現，將所有的恐懼集中並轉移到某一特定的事物上。因此，理解神經質人格結構的關鍵在於深入分析其性格傾向，而不是僅僅停留在症狀表面。

這個觀點挑戰了某些精神分析療法，特別是那些沒有深入了解性格結構就試圖解釋症狀的療法。對於純粹由環境因素引起的神經質，或許可以直接處理其症狀，將其與實際的衝突連繫起來。然而，對於慢性神經質，這種方法往往行不通。因為

慢性神經質是多種症狀共同作用的結果，涉及到更深層次的心理結構。為什麼某個人會對梅毒恐懼，另一個人則表現出食慾亢進，第三個人又會患上疑病症恐懼，這些現象的根源在於其性格傾向，而非表面症狀。

因此，對於精神分析者而言，關鍵在於首先理解患者的性格傾向。只有在看清這些傾向的本質之後，才能有效地解釋和治療症狀。妄圖立即解釋症狀，不僅可能導致失敗，甚至是在浪費時間。真正有效的治療，應該是從理解性格傾向開始，然後再進一步針對具體症狀分析和治療。這樣的過程，不僅能夠更全面地理解神經質，也能更有效地幫助患者恢復心理健康。

揭開潛意識的面紗：佛洛伊德的治療原則

在精神分析的治療過程中，患者往往渴望立即得到對其症狀的解釋，而對於治療過程的耐心卻顯得不足。這種急於求成的心態可能源於患者對自身隱私的保護欲，對於他們來說，分析過程中的深入探討似乎是一種不必要的侵犯。因此，作為分析者，應該以坦誠和耐心的態度，向患者解釋每一個步驟的意義，並仔細分析患者的反應，這樣才能有效地減少患者的牴觸情緒。

在治療中，另一個常見的錯誤是急於將患者的現實問題與其幼年經驗直接連繫起來，過早地確定兩者之間的因果關係。

佛洛伊德的治療方法則是以探尋患者的本能驅力和早期經歷為基礎，這不僅符合他的本能論和發生論，還有助於深入了解患者的心理障礙。他的方法有兩個主要目標。首先，他試圖辨識出患者的神經質傾向，這可能表現為自我責備和自我約束，從而揭示患者內心中強大的「超我」。這種「超我」通常源於患者對完美的過度追求和自我要求。

佛洛伊德的第二個目標是將這些神經質傾向與患者的嬰幼兒經歷連繫起來，透過這種連繫，他試圖解釋患者當前的心理狀態。當涉及「超我」時，佛洛伊德的重點是發現患者身上仍然活躍的父母禁忌，這些禁忌可能源於早期的戀母情結。這些情結通常伴隨著性方面的連繫、敵對態度和模仿行為，他認為正是這些早期的關係模式導致了患者目前的心理困境。

佛洛伊德的治療方法強調了了解患者過去經歷的重要性，並鼓勵患者在治療中面對和理解自己的深層心理動機。透過揭開潛意識的面紗，患者能夠更清楚意識到自身的內心衝突和情感根源，這不僅有助於緩解症狀，還有助於患者在未來生活中做出更為健康的心理選擇。這個過程，雖然需要時間和耐心，但最終將帶來持久的治療效果和自我認識的提升。

在探討神經質傾向時，我的觀點與佛洛伊德的理論有所不同。我認為，神經質障礙主要源於個人深層的神經質傾向，而治療的關鍵在於揭示這些傾向的作用及其對個人生活和人格的影響。以外表完美需求為例，這種傾向可能在某種程度上幫

助個人消除與他人的衝突，並創造一種優越感。然而，這也可能導致個人在迎合別人期望與規範的同時，又渴望推翻這些期望，從而引發內心的疲憊和懶惰。

這種矛盾的心理狀態常常使人表面上顯得獨立自信，實際上卻依賴於他人的期望和意見。這種依賴又進一步導致他們在未能得到期望的引導時感到失落，甚至產生忌恨。更為複雜的是，個人往往驚恐於他人發現其道德追求的虛浮，這種恐懼又使他們對批評極為敏感，最終選擇與他人疏離。

在這些神經質傾向的研究中，我的重點在於探討這些傾向的實際功能及其對個人的影響，而非僅僅追溯其起源。佛洛伊德認為，了解這些傾向的幼兒期起源即可使患者意識到其不再適合現今的生活，從而獲得掌控的能力。然而，我認為這個觀點忽略了神經質傾向的實際作用，並因此可能導致治療的失敗。

佛洛伊德將治療失敗歸因於無意識的內疚感、自戀癖、以及生物內驅力等因素的不可撼動。然而，在我看來，這些問題的根源在於其治療方法的前提錯誤。只關注於神經質傾向的起源，忽視其在當下生活中的具體功能，無法真正幫助患者消除其對生活的負面影響。因此，我主張在治療中更應該關注神經質傾向的功能性，並幫助患者理解這些傾向如何影響他們的生活和人格，以便他們能夠有效地管理和轉化這些傾向。這種方法不僅能使患者在理解自身的過程中獲得更多的自信，也能促使他們在生活中做出積極的改變。

重新塑造自我：走出神經質的陰影

在心理治療的過程中，梳理神經質傾向常常成為減輕患者焦慮的關鍵。透過這個過程，患者與他人甚至與自身的關係可以得到良性轉變，從而無形中擺脫神經質的束縛。神經質傾向的根源通常源於童年時期對世界的敵視與畏懼。如果能分析神經質結構的後果，患者便可能學會與他人和睦相處，而不再一味地敵視世界；焦慮一旦消除，內在的動力和自發性就會湧現，他便不再需要那些過往的安全措施，能夠依靠自己的判斷來解決生活中的難題。

在治療中，患者追溯童年尋找病因，並非全然依賴分析者的指引，患者本身也會主動提供相關的素材。這些由患者自主提供的資訊對於掌握神經質傾向的本質大有裨益。然而，若患者潛意識中急於確立一種因果關係而利用這些資訊，則可能遮蔽了真正的問題。他之所以這樣做，往往是想藉此逃避面對自身的傾向。我們可以理解，患者的興趣並非在於認清這些傾向的矛盾，也不是想知道自己為此付出了多少代價——即便在分析過程中，他的安全感和期待的滿足感，依然寄託在對上述願望的追求上。他寧願對自己的衝動一無所知，假裝一切都可以不變而兼得。因此，當分析者試圖探求這些傾向的真實含義時，患者往往會找各種藉口來反抗。

這種抗拒實際上是對真相的逃避。患者害怕面對自己內心

深處的衝突，擔心一旦揭露便需改變。然而，只有當他勇敢地面對這些內心的矛盾，承認自己過去的防禦機制已不再適用時，才能真正迎來轉變的契機。治療的目的在於幫助患者發現並接受自己的內在衝突，從而重建一種更和諧、更穩定的自我。這樣，患者不僅可以擺脫神經質的陰影，還能在生活中找到真正的自由與力量。

在心理分析的過程中，患者常常會面臨一個瓶頸：他們努力尋找病因，卻發現自己似乎走入了死胡同。此時，分析者便需要適時地介入，幫助患者理解過去的經歷與當前行為之間的複雜關係。分析者應該指出，儘管童年的事件可能與現在的傾向有關，但這些事件並不能完全解釋為何這些傾向會一直延續至今。真正重要的是，理解這些傾向如何影響了患者的性格和生活。

這種分析方法並不否定童年經歷的重要性，而是將其視為理解患者性格結構的一部分。透過對現在性格的深入分析，我們可以更容易理解患者童年時期所面臨的困難。根據我的經驗，不論是用傳統的分析方法，還是經過修改的方法，那些已被遺忘的記憶通常很難重現。相反，經常能夠矯正的是那些失真的記憶，這些記憶一旦修正，往往能將原本看似不相關的事情連繫起來，賦予其深遠的意義。

患者透過這個過程，漸漸地了解自己的發展歷程，這對於他的自我找回有著重要的幫助。此外，這種自我認識還能讓患者

以更平和的心態看待父母及其對父母的記憶。他們會意識到，父母也曾被自身的矛盾所困擾，傷害他們並非出於惡意，而是出於無奈。當患者不再被過去的傷害所困擾，或者至少找到了克服這些痛苦的方法，他們就能逐漸放下對父母的怨恨。

這種理解和接納的過程，是患者走向自我重建的重要一步。當他們能夠釋放過去的怨恨，心靈的重負便得以卸下，從而能夠以更積極的態度面對未來的生活。分析者的角色，便是在這條探索的道路上，為患者提供支持和指引，幫助他們在迷霧中找到前行的方向。

理想與現實：心理分析中的角色與影響

在心理分析的領域中，分析者的角色與方法一直是引發廣泛討論的焦點。佛洛伊德的理論為分析者提供了一個框架，強調自由聯想的使用和對患者無意識過程的理解。然而，隨著時間的推移，對這個框架的應用和解釋也出現了不同的見解。

與佛洛伊德的觀點不同，我在實踐中發現了解釋的方式和分析者的角色需要更靈活地適應患者的需求。這導致了兩個主要的分歧點。首先是解釋的本質和焦點的不同。佛洛伊德將某些因素視為核心，從而得出特定的解釋。然而，我認為解釋並非一成不變，而是應該根據患者的個別情況來調整。這種觀點

在本書中得到詳細的探討。

其次是分析者操作方式的差異。佛洛伊德建議分析者應該保持相對被動，聆聽患者的自由聯想，避免摻入主觀判斷。然而，分析者的完全被動是不切實際的。即便佛洛伊德也承認，分析者在解釋過程中不可避免地會影響患者。因此，分析者在何時該主動介入、何時該保持沉默，這都需要根據具體情境來判斷。

在實踐中，分析者必須在被動與主動之間找到平衡。當患者在某些話題上猶豫不前或迴避時，分析者可能需要主動介入，引導患者探索潛藏在心底的問題。這種介入不僅是為了促進患者的自我認識，也是治療過程的一部分。分析者的影響力，無論是透過解釋還是透過關係的建立，都是治療效果的重要組成部分。

儘管理想的分析情境是分析者完全由患者引導，但現實中，分析者的主觀經驗和判斷在治療過程中無可避免地發揮作用。這種影響並非負面，反而可以成為促進治療進展的動力。因此，對分析者而言，最重要的是擁有靈活的適應能力，能夠在理論與實踐之間找到動態的平衡點。最終，理想與現實的差距正是心理分析持續發展的推動力。

在心理治療的過程中，我抱持一種與佛洛伊德截然不同的觀點。我認為分析者應該扮演一個積極的嚮導角色，而非僅僅是被動的觀察者。儘管患者的自由聯想常常引導治療的走向，分

析者的責任卻在於對患者隱藏的問題進行深刻的解釋和指引。這並不意味著分析者應該主導一切，而是要在適當的時候提供關鍵的觀察和建議，從而幫助患者更深入地理解自身的困境。

解釋的作用在於揭示那些患者未曾意識到的複雜問題，並指出他們內心的矛盾之處。這需要分析者對患者的人格結構有深入的理解，從而提出具體的解決方案。這種方法可以讓患者在短時間內獲得實質性的收穫。然而，當患者陷入思維的死胡同時，分析者就需要及時介入，帶領他們走向新的方向。這不僅僅是為了指出患者的錯誤，更是為了讓他們理解為何需要採取不同的路徑。

我們可以透過一個例子來具體說明這種方法。假設一位患者開始質疑自己為何總是追求完美無瑕，這種思維模式對他來說至關重要。在這種情況下，分析者需要坦誠地告訴患者，直接追求答案可能並不有效，反而應該先意識到這種完美主義對他生活的影響。這樣的指導雖然可能會讓分析者面臨更大的風險，但這種風險相較於不作為所帶來的損失要小得多。

如果我對患者的建議並不完全有把握，我會坦白地告訴他這是一次嘗試的過程。即使建議未能直擊問題核心，患者至少會感受到我們在共同努力尋求解決方案。這種合作的關係能夠激勵患者更加積極地參與治療過程，從而更有效地驗證或修正我們的假設。

在治療中，分析者的積極介入不僅僅是對患者的責任，更

是對治療過程的一種深刻承諾。這種方法不僅能夠幫助患者更快地走出困境，也能夠建立一個更為信任和合作的治療環境。

驅動患者的力量：解析治療中的內在動機

在心理分析的過程中，分析者的角色不僅僅是被動地傾聽患者的聯想和敘述，而是需要積極地介入，影響那些可能幫助患者克服神經質障礙的精神因素。這個過程對患者而言，並非輕而易舉。患者需要剔除或修正那些長期支配他們的安全和滿足慾望，這意味著要將那些在他們眼中至關重要的幻影一一戳破，並徹底調整與他人的關係。

那麼，是什麼力量驅動患者去面對這些艱難的挑戰呢？一般來說，這些力量多源於患者迫切希望擺脫明顯的神經質障礙，或是渴望獲得應對特定環境的能力，又或者是因為感受到自身人格發展的不足，想要突破某個瓶頸。儘管如此，接受分析治療的人中，少有人單純是為了追求更大的快樂而來。驅動患者的力量泉源及其價值因人而異，但這並不妨礙我們在治療中主動加以利用。

然而，必須意識到，這些內在動力並非如表面看來那麼簡單。患者往往更希望以自己的方式達成目標。或許他們希望在不改變人格的前提下擺脫痛苦，或是希望自身的才能得到更好

發展。這種願望通常取決於他們對分析的期待，他們可能期望分析能幫助他們更完美地維持正確、優越的外在形象。即便他們表現出追求快樂的動機（這在所有動機中是最具成效的），我們也不能僅僅停留於表面，因為患者心目中的快樂，往往是要實現所有內心衝突、矛盾的神經質願望。

在分析過程中，這些動機常常被增強，即便在一些非常成功的治療案例中，這種情況也時常可見。然而，分析者往往未能給予足夠的重視。由於激發或強化患者動機對治療有著關鍵意義，分析者有必要釐清導致這種現象的因素，並加以引導和分析，以便這些動機在治療中發揮出正向作用。這樣的理解和操作，不僅有助於患者的康復，也能使他們在治療之外的生活中，獲得更深層次的成長和滿足。

在心理分析的過程中，患者常常抱有一個強烈的願望，那就是擺脫痛苦。即便症狀可能稍有緩解，但隨著時間的推移，他們逐漸意識到，自己的神經質傾向使他們額外承擔了許多不必要的痛苦和困難。分析者需要耐心地向患者陳述這些神經質所帶來的後果，幫助他們意識到這些問題，並進一步誘發一種良性的自我不滿。這種不滿並非自怨自艾，而是一種促使人格完善的動力。

當患者能夠剝去外層的偽裝，對自身有更清晰的認知時，他們就能夠在此基礎上，培養出一種對完善自我的渴望。這種渴望可能從完美主義的衝動轉變為一種更健康的追求，即發展自

身潛力的願望。不論是天賦才華還是普通能力，例如親和力、愛心、助人為樂等，這些都能成為他們追求的目標。最為重要的是，這樣的轉變會使得他們對於快樂的追求變得更加強烈和真實。

許多患者往往只在焦慮的範疇內尋求些許滿足，而從未真正敞開心扉去體驗快樂。這其中一個重要的原因是，他們深陷於對安全感的追求中。只要能暫時擺脫焦慮、失落或其他不適，他們就感到滿足。在很多情況下，他們還維持著一種「大公無私」的假面具，即便內心自私自我，也不敢表露出來。他們或許希望快樂能像陽光一樣自動降臨，但卻不願意主動去追求。

更深層次的原因在於，他們如同一隻被吹起來的氣球或被操控的木偶，無法做回真正的自己。他們可能成功地扮演著不同的角色，但卻始終找不到自我的重心。真正的快樂需要一個穩定的內心引力中心，只有在這樣的基礎上，才能真正體驗到生命的豐富和美好。透過分析和自我覺察，患者能夠逐漸重拾這個內心的平衡，並開始追尋屬於自己的快樂之路。

追尋快樂的自我啟蒙

在探索快樂的過程中，精神分析提供了一條通往內心自由的道路。首先，它能有效地減輕患者的焦慮，從而釋放出更多正向的能量與慾望，使患者不再一味追求無風險的安全，而是勇於探索生命中更有意義的方向。這種轉變使得個體不再局限於對安逸的渴望，而是開始尋求更加豐富和多樣的生命體驗。

此外，分析能夠揭示出「大公無私」這個表象背後的真實動機——恐懼與名利的追逐。許多人在追求快樂的過程中，往往被這些外在的假象所矇蔽，誤以為這是他們的終極目標。透過深入的分析，我們能夠幫助患者認清這些假象，進而釋放更為真實的快樂慾望。這種認知不僅能夠幫助他們更有效地追求快樂，還能促使他們在面對人生選擇時做出更為明智的決定。

精神分析還有助於患者意識到，快樂並不是自動找上門的恩賜，而是一種需要主動追求的悟性。快樂的泉源來自於自身，而非外界的施捨。這個真理雖然人所共知，但在缺乏實際依託的情況下，往往顯得遙不可及。透過精神分析，這個真理變得具體可感，並能被實踐。例如，一位渴望從愛情中獲得快樂的患者，可能會透過分析了解到，他對「愛」的理解過於功利，將其視為獲取所需的手段，而非雙向的情感交流。同時，他也會

意識到自己在期盼「無條件的愛」的時候，往往會不自覺地築起心理的圍牆。只有透過分析，意識到這些慾望的本質及其對人際關係的影響，他才能從中解脫，並在努力重建自我能動性的過程中，發現內心真正的快樂。

最終，當患者逐漸遠離神經質的傾向，他們的自發性得到激發，個體的自我意識也得以增強。他們不僅能夠更加自信地追求快樂，還能感染周圍的人，讓他們相信自己擁有獲得快樂的能力。這種自我啟蒙的過程，無疑是通向持久快樂的關鍵所在。

精神分析過程中，如何喚醒和增強患者改變的慾望，是一個關鍵但常被誤解的課題。許多患者即便對精神分析有一定了解，仍可能抱持一種錯覺，認為分析的目的僅僅是揭開那些早已埋葬在過去的傷疤。這種錯覺似乎有一種奇特的效果，能讓患者暫時逃避與現實世界的衝突，然而，這卻阻礙了真正的成長和改變。

精神分析的真正目的是促使人格的更新與蛻變。若患者能意識到這一點，他將會更渴望這種改變的自發出現。然而，理解不理想傾向與實際行動改變之間的差距，這樣的哲學問題我暫且不予深入討論。患者在無意識中開始區分開意識到問題和實際改變問題的過程，這一點是容易理解的。

患者通常會接受分析者的觀點，即必須意識到那些被壓抑的傾向。儘管在實施過程中，他可能會不斷與自己的進步抗爭，然而對於必須改變自己的觀點，他往往堅決不認同。這顯示出

患者對此問題缺乏深刻的思考。當分析者試圖令患者接受必須改變的事實時，患者或許會感到驚訝。

一些分析者會明確指出改變的必然性，而另一些則在某些方面與患者抱持相似的態度。我的一位同事在分析時，我在旁監督，目睹了一件有趣的事件。患者指控我的同事試圖改造他，而同事則辯稱自己無此意圖，僅是揭示精神上的事實。然而，當我詢問同事是否對自己的話充滿信心時，他坦承並不完全真實，實際上，他認為讓患者改變的企圖是不合理的。

這種情況揭示了精神分析中的一個重要課題：分析者需要在尊重患者自主性的同時，激發他們內在的改變動力。這並非易事，然而，唯有當患者真正意識到改變的必要性，並自覺地投入其中，精神分析的真正價值才能得以展現。分析者的角色，既是引導者，也是支持者，在這個微妙的過程中，兩者缺一不可。

分析者與患者：意志力的微妙舞蹈

在心理分析的領域中，分析者與患者之間的互動常常充滿了矛盾。分析者對患者的變化感到自豪，卻又不願承認自己期待著這種改變，更不會直接告訴患者。這種矛盾源於分析者的角色定位：一方面，他們自視為科學家，觀察並收集資訊；另一方面，他們又不願過多涉入患者的意志變化，彷彿這樣會偏離

科學的客觀立場。

分析者通常將自己的工作描述為讓患者的無意識過程進入意識，至於患者在了解自己後的變化，則與分析者無關。然而，這種撇清關係的態度並不完全符合現實。事實上，分析者在治療過程中不可避免地會影響患者，無論是透過啟發還是引導，這都需要一種微妙的平衡。

在這個過程中，患者的意志力成為了一個關鍵因素。儘管分析者通常不相信意志力能夠獨立完成什麼，但他們也無法否認意志力在治療中的重要性。佛洛伊德曾指出，患者的判斷能力應該被啟用來取代壓抑。這意味著，患者的智慧和理性判斷應該被視為一種力量，與分析者共同合作，以促進改變。

每一位成功的分析者都懂得如何利用患者的內在衝動來推動治療過程。例如，當分析者能夠讓患者意識到自己身上存在的某些「幼兒期」傾向（如貪婪或固執）是有害的，患者便會自發地產生剋服這些傾向的意志衝動。這種意志的覺醒，不僅是治療的核心，也是分析者與患者之間微妙舞蹈的一部分。

這引發了一個耐人尋味的問題：是讓患者自發地意識到問題並改變，還是透過分析者的引導使改變更具方向性，哪一種方式更為可取？這兩者之間的選擇並非簡單的二元對立，而是取決於治療的不同階段和患者的個體特質。分析者必須在這兩者之間找到一個平衡點，以確保治療的有效性和患者的自主性。

總之，分析者與患者之間的互動，是一場關於意志力的微

妙舞蹈。這場舞蹈需要智慧、耐心和對人性的深刻理解，才能在不斷變化的心理風景中，找到通往治療成功的道路。

在精神分析的過程中，啟動患者的意志力是至關重要的。這種方法旨在讓患者意識到自身的動機和潛在的關聯，以便他們能夠更加自主地做出判斷和決定。然而，這種轉變的深度和效果，往往取決於患者對自身問題的真正領悟程度。

精神分析文獻中常提到「腦」領悟與「心」領悟的區分。佛洛伊德曾指出，僅僅依賴理智上的「腦」領悟，往往不足以驅動患者做出深刻的改變。這不僅因為理智上的理解可能過於表面，還因為它缺乏情感上的共鳴和深刻的內在感受。患者可能透過分析得知自己曾有過某段早期經歷，但這與其情感上切身體會到這段經歷的影響，有著本質上的差異。

然而，這種「腦」與「心」的區分，對「腦」領悟似乎有失公允，彷彿暗示它僅僅停留在淺層次。事實上，理智上的領悟能否成為強大的動力，關鍵在於領悟內容是否足夠打動人心。每位分析者都可能遇到過這樣的情形：患者在某個時刻清晰地意識到自己的某些傾向，比如虐待狂傾向。但若干星期之後，這種領悟可能被遺忘，再次談起時，宛如新發現。這種情況並非因為缺乏情感層次，而是因為領悟的深度和強度不足，未能形成持久的印象。

為了使領悟成為推動改變的力量，必須經歷一系列的深入探索。首先，患者需要辨識出那些偽裝的外衣，了解這些傾向

的強度。其次，必須辨識出在何種情境下這些傾向會顯現，並意識到它們可能帶來的後果，例如焦慮、壓抑、內疚感，以及與他人關係的障礙等。唯有當領悟達到這樣的精準度，才能激發患者調動內在的能量，真正下定改變自己的決心。

這種深刻的領悟不僅是意識層面的認知，更是情感上的共鳴，能夠提供足夠的力量來驅動改變。只有在這種情況下，精神分析才能真正發揮其作用，幫助患者從意識的覺醒走向行動的改變。

自我改變的漫長過程

　　在治療的過程中，激發患者自我改變的意願至關重要。這種意願的力量，或許可以與醫生告誡糖尿病患者需要節食以促進康復相提並論。醫生透過診斷，清晰地向患者展示不當飲食的後果，這種直接的方式能夠有效激發患者的自我管理能力。然而，精神分析師的挑戰更為複雜。不同於醫生能夠迅速定位病因，分析師和患者面臨著一個模糊的心理迷宮，無法立即辨識出是何種內心傾向導致了當前的心理障礙。

　　患者的恐懼和過度敏感，常常是分析師工作的絆腳石。分析師需要耐心地穿透層層心理防禦，排除各種不理性的情緒反應，才能最終揭示潛藏的真相，捕捉到關鍵的心理連繫。喚起改變的決心固然重要，但僅有決心仍然不夠。真正的改變需要深入了解患者人格結構中那些促成神經質傾向的因素。只有這樣，患者才能逐步擺脫傾向的束縛。

　　在分析過程中，患者可能會主動參與，更深入地觀察和分析自身行為。他們或許會更仔細地探究，哪些因素引發了虐待狂衝動，並渴望分析這些因素。然而，部分患者可能因為心理壓力而渴望迅速消除所有讓人困擾的傾向。他們可能試圖僅憑自我意志來控制這些衝動，但若未能如願，便容易陷入失望的深淵。

在這種情況下,分析師需要向患者解釋,只要他們仍感覺到無能為力和壓抑,仍然容易感到屈辱,那麼就無法真正控制虐待狂傾向。患者必須明白,控制衝動的念頭往往會滋生報復心態和擊敗他人的衝動。真正克服虐待狂傾向的途徑,是透過深入分析來洞悉這種傾向的精神根源。

作為分析師,承擔這項深入工作的責任至關重要。只有具備這樣的覺悟,才能幫助患者解除無謂的失望,將他們的努力引導到正確的方向,使其變得更加有效。這是一條漫長而艱辛的旅程,但只要分析師和患者共同努力,就能在迷霧中找到出路,迎來光明的未來。

佛洛伊德在精神分析的理論中,將道德判斷和價值判斷排除在外,這意味著在治療過程中,分析者必須展現出一種包容的態度。這種包容並非僅僅是一種技巧,而是精神分析自視為科學所需的基本原則之一。在這樣一個自由的時代,追求無拘無束的原則似乎成了一種時尚。現代自由人的一個顯著特徵,就是避免價值判斷,從而逃避因價值判斷而可能帶來的責任。

然而,真正的包容是否真的能夠達成?分析者能否如一面鏡子般純粹地反映出患者的內心,而不加入自己的主觀色彩?這是一個充滿矛盾的問題。當我們探討神經質文化的意義時,就會發現這樣的理想是一個永遠無法達成的夢想。神經質與人類行為和動機有著千絲萬縷的連繫,而在社會和傳統價值觀的影響下,個體所面臨的問題以及所追求的目標,似乎都已被預先設定。

佛洛伊德本人也並非死板地堅持這種理想化的包容。他鼓勵患者去肯定自己的某些觀點，例如對於當前社會性慾道德價值的看法。他試圖去除患者心中的懷疑，使他們相信真誠地對待自己是一個值得追求的目標。然而，當佛洛伊德將精神分析稱為再教育時，他已經偏離了最初的理想。這種再教育的概念顯示出他陷入了一種幻覺，即教育可以是一個不言自明的過程，似乎不需要任何的評價與衡量。

　　這樣的矛盾揭示出精神分析與其理想之間的張力。精神分析試圖成為一種純粹的科學，而不受價值判斷的影響，但在現實中，它不可避免地與文化、社會評價及個人信念交織在一起。分析者能否真正做到完全的包容，這不僅是對他們專業能力的考驗，也是一種對人性理解的深刻挑戰。

理想與現實：分析者的價值判斷

　　在心理分析的過程中，分析者無可避免地帶入自身的價值判斷，這種潛在的態度即便未被明言，仍然會被敏感的患者所感知。分析者無論多麼努力地想要維持所謂的「包容性」，但在潛意識中，某些價值觀念依然會透過言辭和行為表達出來。例如，當分析者嚴肅地建議分析患者因手淫而產生的內疚感時，隱含的意思可能是手淫並不如公認的那樣有罪，內疚感的產生

另有原因。這種微妙的態度傳達，對患者的影響是不可忽視的。

同樣地，當分析者使用「寄生」而非「接受」來形容患者的某種行為傾向時，這個詞語選擇便透露了分析者對這種行為的評價。這樣的價值判斷，無論是有意還是無意，對患者的影響都難以避免。因此，所謂的「包容」只是一種理想化的追求，真正的實現幾乎是不可能的。分析者或許可以透過謹慎的措辭來接近這個理想，但從避免價值判斷的角度來看，這樣的努力究竟有何意義，則是見仁見智的問題。

在我看來，徹底消除價值判斷的理想是無法實現的，與其追求不可能的完美，不如坦然接受現實。神經質者在心理壓力的驅使下，往往會感到需要用道德偽裝、寄生意願或權利追求等行為來保護自己，進而發展並維護這些行為。即使分析者對這些行為給予再多的理解與包容，仍難以改變它們成為患者獲得真正快樂的障礙。或許，承認這些態度需要克服，反而更有助於徹底理解和處理它們。

因此，在心理分析的過程中，面對價值判斷的不可避免，分析者需要的是一種清醒的自覺和坦誠的態度。只有在這種基礎上，分析者才能真正幫助患者認識自我，並找到通往心理健康的道路。價值判斷雖然難以完全消除，但透過對其的反思和理解，或許可以轉化為促進患者成長的力量。

在心理分析的治療過程中，我們常常寄予一種理想化的期望，希望分析者的包容能夠減輕患者對譴責的恐懼，進而讓患

者的思想回歸自由，表達方式變得靈活。然而，這種期望是否真能實現，值得我們深思。表面上，這種包容似乎無懈可擊，但實際上，它並未觸及患者恐懼譴責的核心原因。

患者真正懼怕的，不僅僅是某些行為或傾向被視為不堪，而是整個人格可能因此受到牽累，被認作不堪。他擔心的是，一旦他的缺陷被揭露，將會引來無情的譴責，而這些譴責背後的原因卻不會被理解或同情。這種恐懼根植於對自我價值的深刻不安，他們害怕自己所珍視的價值體系會因外界的批評而崩塌。

更複雜的是，患者往往無法清晰地辨識自己恐懼的具體對象。他們在懼怕譴責的同時，又可能不自覺地將這種恐懼投射到各種不同的情境中，從而產生一種普遍的焦慮感。每當他們面對新的挑戰或改變時，這種對譴責的預期便會不斷加劇。

分析者若試圖透過刻意的客觀來緩解患者的恐懼，往往適得其反。患者可能會將分析者的態度解讀為曖昧不明，甚至在某些情境下感受到與分析者的對立。這種對立感會進一步強化他們對譴責的恐懼，因為在他們看來，分析者未能提供所需的理解和支持。

治療中，真正有效的方式或許在於，分析者需要深入理解患者恐懼的根源，並在此基礎上建立信任與同情。患者需要感受到，無論他們的缺陷如何，他們仍然值得被接納和理解。唯有這樣，他們才能逐漸放下對譴責的恐懼，開始探索更真實的自我價值。

在這樣的治療關係中，分析者的角色不再是單純的觀察者或評判者，而是成為患者探索自我過程中的支持者和引導者。這種轉變，或許正是治療成功的關鍵。

剖析恐懼：友誼的治療力量

在心理治療的過程中，消除恐懼的第一步是深入地分析它們。這種分析不僅僅是為了理解恐懼本身，更是為了幫助患者意識到，儘管分析者可能不贊同他們的某些特質，但並不會因此譴責他們。這種理解能夠有效減輕患者的恐懼。治療者所提供的不是一種虛假的包容，而是一種有益的友誼。在這樣的友誼氛圍中，患者可以放心地顯露自己的缺陷，因為他們知道即使這些缺陷被發現，也不會影響他們優秀品格和潛能的展現。

然而，這並不意味著在治療過程中需要頻繁地讚美患者。相反，治療者應該誠懇地指出患者某些傾向中的不切實際之處，同時也要真正相信這些傾向中美好和真實的成分。這包括明確區分良好的批評能力與不分場合的恣意妄語，自尊與自大，誠摯友善與虛情假意的態度。這些區分對於治療過程是至關重要的。

儘管有些人可能會質疑這些區分的重要性，認為患者可能會因情緒波動而誤解分析者的態度。但是，我們必須記住，患者對分析者的看法並不總是極端的。即便某種情感在某個時刻

更為強烈，也不能掩蓋其他情感的存在。這些情感可能不常被顯露，但它們的真實性從未改變。

隨著治療的深入，患者會開始清晰地意識到自己對分析者的矛盾情感。例如，他們可能會說：「我深信不疑，你並不討厭我，可是我又往往覺得你好像在憎恨我。」這種自我認識對於減輕患者對於譴責的恐懼非常重要。此外，這也幫助他們意識到自身的投射作用，即將自己的情感和想法投射到他人身上。

透過這樣的分析和自我認識，患者能夠在治療中獲得更大的自由，讓他們逐漸擺脫恐懼的束縛，並開始真正地理解和接納自己。這種理解不僅僅是治療的目標，也是患者邁向心理健康的重要一步。

在精神病學的歷史長河中，古埃及和古希臘時期就已經存在「醫療科學」和「道德」範疇的精神障礙概念。儘管「道德」範疇的概念經常占據主導地位，但隨著佛洛伊德及其同代人的努力，「醫療科學」的觀點取得了重要的突破。我們必須牢記這個重要的發展，因為它為精神疾病的理解開闢了新的道路。然而，僅僅關注精神疾病的醫學結構是不夠的，因為這些疾病同樣涉及道德問題。

在神經質者身上，我們可以觀察到一些讓人敬佩的特質，比如同情心、對他人痛苦的感同身受、對衝突的理解能力、不受傳統束縛的自由精神、美學上的敏銳感知以及對道德評價的敏感性。然而，他們也可能展示出一些讓人質疑的特質，如恐懼和

敵意帶來的怯懦、自我中心、不誠實，甚至虛偽。這些特質通常源於神經質過程中的脆弱感，儘管他們可能並未意識到，但這些問題的存在確實替他們帶來了痛苦，這也是治療者需要關注的核心。

與過去流行的精神分析方法相比，我們現今的態度需要有所改變。我們必須從另一個角度重新審視神經質者的問題。這些人並非天生如此，許多負面特質如懶惰、貪婪、虛偽和自負，並不是他們與生俱來的，而是源於不利的童年環境。這些環境迫使他們建立起防禦和滿足的體系，從而導致不利傾向的發展。因此，我們不應該將這些問題歸咎於他們個人的過錯。

精神障礙中的醫學概念和道德概念並非完全對立，它們相互交織，構成了精神疾病的整體。道德問題是精神疾病不可分割的一部分，理解和澄清這些問題應成為我們治療的任務之一。透過這種綜合的視角，我們可以更全面地幫助患者，協助他們在醫學和道德的雙重框架下，找到平衡與解脫。這樣的治療方式不僅能夠緩解症狀，還能促進患者的整體成長。

揭開內心的真實：道德衝突與自我解放

在精神分析的領域中，探究患者內心的道德衝突往往如同解開層層包裹的謎題。這些衝突與「性衝動」理論和「超我」概

念密切相關，使得道德在神經質中的作用變得模糊不清。實踐中，患者常常面臨的道德問題，其實多是一些假道德問題。這些問題是患者用來維持形象上的完美和優越感的工具，是他們自我保護的偽裝。

揭露這些道德偽裝，並探究其對患者的實際影響，是精神分析的第一步。患者的真實道德問題，往往被深深地掩蓋著。這些問題比任何人都迫不及待地被隱藏，因為它們直指患者內心的痛點。完美主義和自戀，正是為了掩飾這些問題而形成的屏障。患者若要擺脫雙重生活的折磨，以及由此帶來的焦慮和壓抑，就必須認清這些問題的本質。

分析者在處理道德問題時，應如同處理反常性慾一般，必須坦誠。這種坦誠能鼓勵患者面對自己的問題，並作出有意識的選擇。佛洛伊德認為，解決基本的神經質衝突，最終要靠患者自己的決心。這引發了一個重要的問題：我們應該鼓勵這個過程，還是讓其自然發展？

多數患者在看清問題之後，會自發地採取立場。例如，有些患者在意識到自己的特殊自尊帶來的諸多不幸之後，會稱之為「偽自尊」。但對於一些深陷其中的患者，他們無法自行作出這樣的判斷。在這種情況下，分析者的引導就變得至關重要。舉例來說，一位患者可能花費大量時間羨慕成功者，並批評他們的手段，隨後又辯稱自己不在乎成功，而僅對題材感興趣。此時，分析者需要指出這種矛盾，並暗示患者必須決定他真正的追求。

然而，關鍵在於幫助患者分析什麼將決定他們的選擇，以及在什麼情況下他們需要放棄或得到什麼。我們不應該鼓勵草率和膚淺的決定，而是要引導患者深入思考，從而找到真正解放自我的道路。

在心理治療的領域中，分析者的角色至關重要，而這個角色的核心在於真誠和友善的態度。治療師必須首先澄清自己的問題，這樣才能真誠地對待患者，因為如果治療師自身隱藏著假象，那麼他無異於是在保護患者的假象。這種「說教式分析」應該是開放的，毫無保留的，並且治療師也需要不斷地自我分析。自我理解是分析別人的必要前提，因為只有在自身清晰的情況下，才能更有效地幫助患者解決實際問題。

在討論精神分析療法的結束之前，我們必須探討新方法與治療時間的長短之間的關聯。一個完整的分析療程需要的時間是由多種因素綜合決定的，比如患者隱藏的焦慮程度、當前的破壞性傾向、幻想在生活中的比例，以及自我放棄的傾向有多嚴重等。儘管有各種標準可以粗略預估時間長度，但我特別關注幾個方面：患者能夠發揮正面作用的能量，包括過去和現在的；他在生活中擁有多少正向的願望；以及可供利用的更高層面的精神能量。如果這些因素有利，那麼解決實際問題的過程將會更加順利。

或許有些患者並不需要系統的分析就能有所收穫，這取決於他們自身的正向能量和願望。然而，針對慢性神經質的治

療,則需要更為深入的探究和細緻的工作。唯有深入了解更多的細節,我們才能應對複雜的情況。工作的意義與難度決定了我們不可能快速完成它。因此,正如佛洛伊德所反覆強調的,神經質能夠快速治癒,這與病症的嚴重程度是相對應的,這個觀點至今仍然適用。

在治療的道路上,真誠是打開患者心靈的鑰匙,而分析者的自我了解則是這把鑰匙的磨礪之石。只有在這樣的基礎上,治療才能真正達到幫助患者的目的。

精準分析:縮短心理療程的智慧

在人類心理分析的領域中,縮短療程一直是一個熱門話題。許多人提出了各種建議,例如設定一個結束的時間,這種方法雖然在某種程度上有效,但往往顯得武斷,並未能真正達到預期的效果。間斷進行的方式也是如此,這些嘗試或許有助於某些個案,但距離真正的目標仍然相去甚遠。這是因為它們並沒有充分考慮到分析過程中實際需要完成的工作。

在我看來,縮短分析時間的關鍵在於避免浪費時間。這並不是一條捷徑,而是一個需要智慧和經驗的過程。就像機械工程師能夠快速找出機器的問題一樣,他們的成功來自於對機器的深入了解和透過實際故障觀察累積的經驗。因此,他們能夠

避免在錯誤的方向上浪費時間,而直接指出問題所在。

然而,我們必須承認,在人類精神領域,我們的理解程度與機械工程師對機器的了解程度相比,仍然相當有限。儘管過去幾十年中,我們在人類精神的研究上取得了許多進展,但我們的理解仍處於初步階段,像是剛學走路的嬰兒。或許我們永遠無法將精神問題研究得如機械工程師那般精確無誤,但這並不應該阻止我們的努力。

透過我自己的分析和監督分析的經驗,我堅信,隨著我們對精神問題的理解越來越深入,尋找結論時浪費的時間就會越少。這需要我們不斷地學習和前行,逐漸拓展精神分析的範疇。只要我們保持信心,持續努力,我們就能在合理的時間內,解決越來越多的精神問題。

因此,縮短分析療程的真正智慧在於深入了解和不斷探索。只有這樣,我們才能在心理療程中取得更高的效率,為那些需要幫助的人提供更及時和有效的支持。這是一條需要耐心和毅力的道路,但也是一條充滿希望和可能性的道路。

在精神分析的過程中,何時應該結束分析是一個引人深思的問題。許多人可能會尋求一些明顯的指標,如症狀的消失、生活的改善或夢境的變化作為結束的訊號。然而,這樣的做法過於簡單,忽略了分析過程的複雜性和個體差異。這不僅涉及到治療的技術層面,更關乎於個人的生活哲學與價值觀。

我們是否應該追求一個能夠解決所有問題的萬靈丹?若如

此，我們是否應該為這樣的簡化感到滿足？或者，我們應該意識到生命本身是一個不斷發展的過程，並且這個過程不應該在某個固定的時間點上被草率地結束。事實上，對於神經質者來說，他們常常因為自己固有的行為模式而陷入困境，這種模式使他們的生活變得機械化，阻礙了個人的成長與發展。

在這樣的背景下，分析的真正目標並不是讓患者的生活完全脫離危險和衝突，而是賦予他們面對這些挑戰的能力。治療的核心是幫助他們恢復自發性，找回獨立思考和判斷的能力。精神分析的成功不僅僅在於消除焦慮，而更在於讓患者從自身的經驗中汲取力量，重新獲得生活的主導權。

因此，什麼時候患者才能真正主宰自己的發展方向？這與精神分析的終極目的是一致的：即幫助患者發展出面對生活挑戰的內在勇氣。這種勇氣來自於他們能夠自我反省，並從中發現新的可能性。最終，分析的終結不僅僅是治療的終點，而是患者開始能夠獨立面對生活的起點。這種獨立不僅意味著擺脫過去的束縛，更是對未來充滿信心的展望。

透過這樣的過程，患者不再僅僅依賴治療師的指導，而是學會從自身的經驗中獲得解決問題的勇氣和智慧。這種能力的重建，正是精神分析治療的真正價值所在。

國家圖書館出版品預行編目資料

卡倫．荷妮之精神分析的新方向（筆記版）：挑戰佛洛伊德理論！以文化與社會視角重新定義內心焦慮與人際衝突 / [德] 卡倫．荷妮（Karen Horney），伊莉莎 編譯. -- 第一版. -- 臺北市：複刻文化事業有限公司, 2025.01
面； 公分
POD 版
譯自：New ways in psychoanalysis
ISBN 978-626-7620-84-7(平裝)

1.CST: 精神分析學
175.7   113020625

卡倫・荷妮之精神分析的新方向（筆記版）：挑戰佛洛伊德理論！以文化與社會視角重新定義內心焦慮與人際衝突

作　　者：[德] 卡倫．荷妮（Karen Horney）
編　　譯：伊莉莎
發 行 人：黃振庭
出 版 者：複刻文化事業有限公司
發 行 者：崧燁文化事業有限公司
E - m a i l：sonbookservice@gmail.com
粉 絲 頁：https://www.facebook.com/sonbookss
網　　址：https://sonbook.net/
地　　址：台北市中正區重慶南路一段 61 號 8 樓
8F., No.61, Sec. 1, Chongqing S. Rd., Zhongzheng Dist., Taipei City 100, Taiwan
電　　話：(02) 2370-3310　傳　　真：(02) 2388-1990
印　　刷：京峯數位服務有限公司
律師顧問：廣華律師事務所 張珮琦律師

定　　價：350 元
發行日期：2025 年 01 月第一版
◎本書以 POD 印製